二〇一七年紐約馬完成，獲得世界六大馬拉松六星獎牌「蜜糖波堤」。

（上）二〇一六年波士頓馬拉松終點前國旗飄揚。
（下）二〇一六年波士頓馬拉松終點線前。（天母鐵汗團Brett提供）

社團法人台北市長跑協會

（上）二〇一五年八月北大長跑五千公尺賽。

（下）二〇一九年Sub3追火車接力賽團隊。

（上）二〇一八年臺北馬拉松終點前加油團。

（下）二〇一九年四月國手匯馬拉松五十萬破紀錄獎金記者會。

（上）二〇一五年全國EMBA接力賽臺科大全馬團隊。

（中）二〇一七年舒跑盃「跑快剁腳團」。

（下）《大雲時堂》錄影現場，由左至右為象總，李四端，葉金川，林觀芝。

（上）二〇一九年電通安吉斯集團品牌負責人參與CSR活動「小梅的異想世界」。

（下）二〇一九年象總應邀前往臺灣體育大學運動事業管理學系演講。

二○○六年結婚典禮上，象總與媽媽和太太合照。

陽光與重生。

去你的人生低谷

最速總的世界六大馬重生路

王冠翔 著

目錄

推薦序

找到對人生的熱情，生命自然精彩！

——唐心慧（電通安吉斯集團執行長）

如果要用一個形容詞來介紹我所認識的Sean，那麼「熱血」二字應該是再貼切不過了！

Sean是電通安吉斯集團旗下品牌——「安納特」總經理。由於平日主管們公務繁忙，會議本來就非常多，為了以身作則並讓主管們更有效率地準時開會，我發起了一個「遲到罰兩千元」的規定，並邀請Sean擔任專案負責人。殊不知，原本制式的主管會議，就在Sean的搧風點火下，大家開始對這個罰兩千元的遊戲愈來愈認真。Sean也替自己取了一個「遲到基金首席執行長」的封號，最後連主管會議開始前，螢幕上都會秀出馬表，全體嚴格執行「遲到一秒就罰兩千元」的規定。雖然被罰的人心好痛，但是守時的人卻好開心，大家更加配合集團內這個不成文的規定。Sean就是這樣的人，不管執行什麼任務，總是充滿熱情，把活動變得更生動有趣，並激起大家高昂的鬥志！

記得二〇一七年，集團與樂山教養院合辦志工日活動，陪伴身心障礙院生，完成他們生平第一次「三公里路跑」活動。當天看著院生們，每一個人都跑完自己的三公里，讓同事們相當感動。志工日結束後，Sean希望還能為機構的院生再多做些什麼，於是他帶領安納特的夥伴們，再次拜訪樂山，討論如何架設募資平臺，並運用院生的原創畫作設計商品，最後募資到近百萬。後續又促成樂山與電影《奇蹟男孩》（*Wonder*）合辦首映會，一起創造更高的活動聲量，這些自發性的公益活動，總因為Sean的熱血而讓更多人跟著一起參與和付出。

為了創造對社會正面的影響力，實踐企業社會責任，二〇一八年我特別邀請Sean並委以重任，請他擔任集團CSR負責人，展開「啟飛吧！小梅」關懷老梅地區偏鄉孩童的三年計畫。當時正值集團旗下十二個品牌整合與轉型之際，除了對內要動員跨品牌人力資源組成核心小組，對外更要針對老梅地區的學校、公家單位、社區里民們，耐心進行溝通以取得共識，考驗的是Sean的領導、溝通，以及統御協調能力。正如Sean在書中提到的：「忙，更在每個當下全力以赴。」「當你有心，全宇宙都會來幫你。」就在這樣持續耕耘下，我們連續兩年號召集團一千多名員工共襄盛舉，也為老梅社區帶來更多觀光人潮與商機。在為偏鄉孩童付出的同時，我再次見證Sean對於公益事業無私的熱血精神，他的投入與付出也鼓舞著集團同仁，繼續為公益事業努力。

Sean在過去這段期間不僅完成無數個國內馬拉松，甚至完成了全世界六大馬！我相信這不只是需要對運動的熱情與堅持，我更好奇的是，是什麼樣的境遇，驅使他去從事這個對自己身體與心理極限的挑戰？又是什麼樣的心情轉折，讓他可以堅持完成每一次挑戰？

看完這本書後，我相信完成馬拉松靠的不只是信念或毅力，更來自一步一腳印扎實的練習；我也可以體會，在經歷六大馬的成就後，所贏得的自信將轉化為更多的感恩與謙卑。如果你也想要尋找屬於自己生命中的熱情、挑戰自己的極限、活得更精采，不一定非要完成一場馬拉松，但我相信你可以在這本書中找到屬於自己的啟發！

推薦序

「王冠翔」這個名字，真讓人又「畏」又「敬」！

——黃張維（耕薪建設。都市更新董事長）

為何是「畏」呢？

冠翔的江湖頭銜非常多元。首先，冠翔是我的學長，冠翔就讀臺灣科技大學九十八學年度EMBA，我則是就讀一〇四學年度臺灣大學EMBA的菜鳥。在臺灣商學院EMBA中，不論是按照EMBA慣例會互稱對方學長，或是依照入學順序來說，冠翔都是我的學長。在這民主的時代，頂著「學長」稱謂，也不至於讓後輩會被霸凌到心生畏怕。但冠翔的另一個江湖稱謂：「最速總經理」，這個抬頭著實讓我輩吃了不少苦頭，從二〇一四年起，聞其名而令人喪膽。（小弟的戈壁花名是「海膽」，「喪膽」還真是畏懼害怕到名符其實，只要遇到最速總經理，就膽小了啊！）

起因是「全國EMBA校園馬拉松接力賽」，顧名思義是由全國各校EMBA匯聚交流的馬拉松接力賽，第一屆及第二屆由臺大發起並主辦，並由臺大蟬聯拿下冠軍；二〇一四年第三屆由政大主辦，共有全國二十五所學校參賽，規模盛況空前。第三屆臺科大由壓軸最後一棒——第十棒「王冠翔」接棒，在政大環山路下坡最後一公里，在上千人的目睹下，見證了「王冠翔」逆轉勝的那一幕，粉碎臺大三連霸的美夢！第三屆就由臺科大拿下冠軍，冠翔並獲得全馬組男子總排名第一，是第三屆的最速男！在全國EMBA兩千多位高階經理人與CEO企業家中，無愧江湖的「最速總經理」頭銜！

但這也成為臺大EMBA最畏懼的對手了，到第四屆全國EMBA校園馬拉松接力賽，「最速總經理」依然在最後一棒逆轉勝。本來臺大還在最後一棒領先一分多鐘，但最後就在終點前幾公尺，硬生生重演前一屆往事，冠翔再度使出二枚腰，逆轉了賽局。之後，不只臺大，其他大學的強棒，再也無人自願挺身為校擔任第十棒的重任，深怕跑這短短十六分鐘的一棒四點二公里，就會造成一輩子身心受創！整個EMBA跑界，人人畏懼，聞冠翔色變啊！還好，等到第六屆臺科大因故沒有組隊參賽，小弟終於有機會擔綱第十棒，為臺大捧回冠軍，並獲該年度男子總排名第一，沒有令人喪膽的冠翔一起跑的賽道真好！

為何是「敬」呢？

冠翔除了能在三小時內完成全程馬拉松，並成為臺灣完成六大馬、平均總成績每場皆在「sub3」（在三小時內完成全馬）第一人。冠翔以一介素人，將業外興趣跑步活動的能耐，推升到令人崇敬、近乎「神」的地位；此外，冠翔在外商電通安吉斯集團安納特擔任總經理，以領先市場的消費者洞察工具與資料分析和技術，用精準的受眾購買方式，大幅改善數位廣告的精準度。同時也協助同仁迅速面對趨勢，讓全新的程序化行銷服務，能夠大幅提升客戶的數位媒體投資及活動效益。在職場本業中，更是翹楚，將業外與業內都過得淋漓盡致，出眾拔尖！

更甚是，冠翔將自己的業內行銷與業外運動跑步的專長結合，投身回饋社會。冠翔在跑馬過程認識了奧運馬拉松國手張嘉哲及多位選手，深入了解長跑選手面對職業生涯高低起伏的困境。因此結合民間力量，創立一個專屬於運動員的品牌加速器「國手匯」，不只打造專屬選手的運動藝術基地、專屬網站、個人化商品、第二專長訓練以培育斜槓國手，更有國手公益及法務、財務諮詢等眾多項目。

基地設立於寶藏巖國際藝術村，讓跑步、藝術、文化在新店溪畔匯流合訓。「國手匯」目前有包括奧運馬拉松國手張嘉哲、二〇一七年世大運國手陳宇璿、張芷瑄、曹純玉、陳秉豐等十多位馬拉松選手，未來期盼能幫助更多其他國際運動項目選手。冠翔秉持著「成就他人，就是成就自己」的原則，期許能整合社會大眾的力量，凝聚熱衷運動的全國民眾，作為運動員最堅強的後盾。自己的國手自己挺！

這樣的冠翔怎能讓人不崇敬啊！

為什麼是跑步？從冠翔這本書中，我們看到的不只是為了健康，更是為了「超越」，同時也是內心的催促。在冠翔一字一句的筆觸中，自我剖析長達四年多來的身心靈旅程，從作息的改變調整、肌力體能的訓練，到心靈的整合；在跑步訓練吃課表的掙扎拉拔，到賽後成就感的心境舒坦與超越，皆有輕鬆詼諧而深刻的描述。讓我們也可以效法冠翔，透過所愛之事，激發出堅強、無法摧撓的意志與勇氣。

翻開冠翔這本書，或許無法保證你會從此熱愛跑步或任何一項運動，但絕對會受到冠翔激勵，也開始嘗試跑步或運動，並且從中得到自然的快感、真實的超越，甚至追求你真正渴望的人生！

推薦序

會當凌絕頂，一覽眾山小

——張嘉哲（Trulyman品牌創辦人）

最速總經理的新書讓人期待許久，終於出版了！我因受邀寫推薦序可以先睹為快，而感到興奮不已！但翻開第一頁看見象總的自序，便澆熄我的熱情如火。因為象總發願要將版稅收入捐給公益團體與競技運動員，原來，身為競技運動員的我，與公益團體在社會經濟地位上，位在同一條水平線，頓時，我便起了不想寫序的心態。後來想了一想，象總一開始也是不想寫書，但說服自己希望透過此書與大家分享跑步、工作、家庭、公益，以及競技運動員的現況與需求，而我便也由此轉念，先來看看象總此書「葫蘆裡賣什麼膏藥」，或許藉由寫序，能為競技運動員扳回一城。

競技運動員不服輸的心態被激起之後，更是拿起書來奮（憤）讀，但杜甫寫得好：「會當凌絕頂，一覽眾三小。」新書閱畢後，彷彿登五嶽獨尊的泰山之上，用更高的角度去看跑步、工作、家庭與競技運動。雖說象總自謙是跑步的業餘愛好者，無法百分之百詮釋競技運動員的心情，但跑步境界已到「見眾生」的高度領悟，這卻是競技運動員最缺乏之的。因為臺灣的競技體育太過於強調「勝者為王，敗者為寇」、「競技運動是零和遊戲」的觀念，讓臺灣競技運動員產生一種必須「幹掉別人窩裡狠才能生存」的詭異幻覺。殊不知，競技運動就是透過人與人之間（自己與自己、自己與他人）的良性競爭，讓自己變得更快、更高、更強。也由於系統結構層次的崩壞，缺乏正確的競技運動觀念，導致近年臺灣奧運禁藥風波、禁藥飛行檢查找不到人的事件頻傳，裁掉國家隊教練、將運動員禁賽，也只是在個別事件的層次上，拿個抹布把水漬清掉，但漏水的天花板上方人家，馬通還是天天用著呢！

這是一本難得令我汗顏的奇書，現今看似風光的最速總經理，也曾經歷過三十五元飽餐一頓的豪氣自虐歷程，對比現在某些學生運動員的碳纖維排氣管，似乎印證了

「心急吃不了熱豆腐」、「先別急著吃棉花糖」的理論。而對於競技運動員來說，比賽獲獎後突然獲得了鉅額獎金，但通常缺乏理財觀念，頓時失心出手豪邁，當風光不再時卻窮極潦倒。年輕的象總月存一萬元的理財計畫，正是每位年輕人與運動員最需要學習的方式。並不是說得要過著「飯疏食飲水、曲肱而枕之」的日子，而是享樂需要，理財更是必要。網路常有文章寫到愛跑步的人比較聰明，也多位於高社經地位，然而我也常反思，也許就是因為比較聰明，所以懂得以高經濟價值的跑步，來做為人生投資。

藉此文末感謝象總與胎胎（太太），賣車籌錢成立「國手匯」公益平臺，即使被有心人士冠上斂財與分化選手汙名也不改初衷。不過我還是嚴重懷疑兩位有M型自虐人格，就如同跑馬拉松般，先被周遭質疑花錢去跑步過太閒，再來跑個渾身汗臭味外加滿身傷，最後只是為了收集六塊無法資源回收的混合金屬。（拿報名費與旅費買黃金還比較划算吧？）如果，當你／妳有如此疑問，正是最適合翻開此書之時。

推薦序

一代宗師精神的最佳實踐者

——蔡宜玫（森林跑站創辦人）

再次看到冠翔，是在二〇一五年夏天的某個月黑風高夜晚。

馬拉松菜鳥如我，與朋友約跑「劍劍」（內湖劍南路來回），但因為上坡速度太慢，回程只剩自己獨自努力跑著。暗夜中看到一個矯健身影，有如武林俠客般，以蜻蜓點水之姿，雙腳快速移動向我迎面奔來。這麼飛快的速度讓我愣了好一會兒，直到人都過了我才回神大喊：「王冠翔加油！」回家後透過臉書留言才確認真的是冠翔，而當晚他正與大四喜天王愛跑教練ＰＫ「劍中劍」（劍南路—中社頂—劍南路）。

扳扳指頭，與冠翔認識也超過十個年頭了。記得第一次和冠翔見面開會，當時他任職於我負責品牌的合作整合行銷公司，我的老闆還特別提到將有一位有腦又有臉的廠商代表會來提案，那時冠翔還未有子女，尚未經歷喪母之痛，還沒當上總經理，當然也還沒開始跑步，可謂上一代的王冠翔。回想當時年紀小，馬拉松三個字對我們來說，在十年後竟從風馬牛不相及的領域變成我們人生再次交集的中心點。

雖然自覺認識冠翔已經許久，細細拜讀此書時，忍不住一口氣讀完，實在是無比津津有味。

「最速總經理」這個稱號，怎麼看都像是個人生勝利組。未滿四十歲時，就當上了臺灣最大外商行銷傳播集團中，最年輕品牌的總經理；而提到跑步，在開始練跑後短短的時間內「破三」，並成為臺灣人前幾位拿到六星「蜜糖波堤」（世界六大馬拉松獎牌）的跑者。看似一帆風順的人生上半場，冠翔在書中卻真誠的坦白，自己成長過程中的各種失落與弱點，那些關於失意、徬徨、疑惑的心情，原來你我都一樣，是人生中十之八九常常經歷的段落。也如同馬拉松，可能是四十二公里的努力專注、痛苦堅持，換來最後0.195公里的榮耀與成就感。人們看到的往往是最後的勝利喜悅，只有自己知道前面四十二公里的酸甜苦辣，而這本書就是一個五味瓶，將所有的好與不好都真實呈現。

關於冠翔的跑步歷程，在平均破三的六星跑者光環下，好似一番順利的練武奇才，舉劍任意成招的就登上華山論劍之巔。然而書中花了很多篇幅分享成就的背後，所經歷數次的意外受傷與「白目」手術等試煉。有練過馬拉松的人都知道，傷時的沉潛等待與傷後打掉重練，所需要的耐心與決心，甚至比最初開始跑步還難。記得後來幾次在臺大的操場看到冠翔，常常是以六分半的速度慢慢的在傷後開始有氧訓練，又或是在「週一回饋日」與一幫初跑者一起做訓練。在成就過破三的馬拉松成績後，願意彎下身子再次從基礎功課開始練起，並且願意每週空出一個晚上回饋，帶領初跑者慢慢打底，果然是冠翔常在講座中分享的一代宗師精神——「見自己，見天地，見眾生」的最佳實踐者。

或許跑步上癮的人，都是同一個模樣：看起來很難的事，拚命往死裡做；人家說不行的事，卻做得津津有味。臺灣長跑的大環境整體而言是困難的，冠翔胎胎（太太）第一次和我提到「國手匯」的概念時，雖然心中有一百二十分力挺，但實際上力有未逮。沒想到不久之後，冠翔就以迅雷不及掩耳的速度，「身先士卒」開創成就他人的「國手匯」品牌，將跑步這檔事當起志業來發展。現在「國手匯」雖仍在初期建構階段，但正因為是由冠翔一手發起、拉拔的品牌，努力又有毅力的人最可怕，我深深相信他能成就一個不同層次的跑步文化，讓「跑步國手們」成為發光發熱的一群「偶像」，並向更多不同族群的人推廣跑步運動。

不論你是個跑者，或是追逐夢想的年輕人，甚或已經是管理階級的領導者，在這本名為跑步但內容超越跑步的書裡，都可以看到自己的一點影子，體會生活必經的低潮起伏，學習工作上各式的考驗挑戰。我在冠翔的經典語錄裡，似懂非懂的多了一點勇氣與信心。世界常常不是憨人想的這麼簡單，在人生這條馬拉松的道路上，我們無法阻止他人的批評指教與錯誤期待，但或許就像象總說的：「與其汲汲向外界證明自己，不如悄悄朝內心挑戰自己。」用心關懷眼前的人、眼下的事，「現在」將成就可以預見的「未來」。

推薦序

從運動中跑出精彩人生！

——謝金河（財信傳媒集團董事長）

我平常參加的講座多是以財經投資為主題，然而去年參加了一場臺產贊助、與健康有關的活動，由《先探週刊》找來阿瘦集團羅董事長與跑者王冠翔先生和大家分享人生經歷。這位身材精瘦，充滿健康活力的跑者秀出他的投影片，細數征戰全球各大馬拉松的戰果，讓我從頭到尾聽得津津有味。這位從跑步領悟出人生，也跑出自已寬闊事業大道的年輕人，現在終於要出書了，真是非常值得慶賀的事。

我最早從事比較有規律的跑步活動，是從一九九三年「捷兔跑山」開始。每週六我放下手邊的工作，馳騁在山林間，忘掉工作上所有煩惱事，這是我每個禮拜最開心的時段。從跑山開始之後，有人拉我去跑馬拉松，我在毫無準備的狀態下，於二〇〇四年第一次參加「太魯閣馬拉松」，接著是「安泰ＩＮＧ臺北國際馬拉松」（也是後來的「富邦馬拉松」）。我從一開始就是跑半馬，這十幾年來一直都保持在兩小時二十分左右完賽。

後來有個朋友抽到「萬金石馬拉松」全馬，臨時有事不能跑，我代他跑了一次，大約花了五個半小時跑完全馬，是我的全馬人生處女秀。這一生中我跑過的全馬不到十次，最快的就是萬金石馬拉松，有一次在雨中涼快的跑步，我跑出五小時五分的成績；然而最差的一次是「田中馬」，頂著三十幾度的大太陽，我氣力放盡跑回終點，花了五小時四十八分，我的全馬大概就都落在這個成績區間。

在講臺上看到冠翔秀出他的全球六大馬拉松成績，除了東京初馬沒有在三小時內完賽，其他五個馬拉松都跑進三小時以內。沒有跑過馬拉松的人，可能不知這個成績的「尊貴」，冠翔很少跑到三小時以上，我則是從來沒有跑進五小時以內，對我來說，他當然是前輩中的前輩。

隨著歲月增長，我充分體悟到「生活規律化，運動生活化」的重要。這些年我維持運動習慣，從來不跟別人比較，只跟自己比，我只求今年跑全馬和跑半馬的成績，不要比去年掉太多，就很滿意了。

一個人能夠專注在他喜歡的運動，並且享受運動帶來的快樂，這是最有福氣的。更難能可貴的是，冠翔把運動變成他的事業，他的運動行銷事業做得有聲有色，把個人專業與興趣完全的緊密結合在一起，這個世界有這種運氣的人並不多見。更值得一提的是，冠翔把熱愛運動的人生也用來經營自己的家庭，他每天陪伴著小孩跑步，連愛妻都緊緊相隨，我心想，這麼年輕又力爭上游的年輕人，如此懂得經營人生，實在太優秀了！

王冠翔細數征服全世界六大馬拉松中的流汗、挫折、沮喪與狂野，對我來說，這些最高殿堂的馬拉松都有著相當高的門檻，我只能抱著欣賞的心情。我看著冠翔在每一次即將跑進終點前，展開國旗跑進會場，讓我深深受到感動。臺灣在國際空間的壓縮中，靠著我們運動員，努力讓全世界看到，也是冠翔默默持續地在為臺灣做些事。

冠翔的跑步之路，有許多豐富的戰史，現在他揮動生花妙筆把自己運動的人生寫了出來，這本《去你的人生低谷：最速總的世界六大馬重生路》是他運動人生的代表作。冠翔透過書與自己對話，他說「原來死命追過困境就叫『逆轉勝』」、「想當英雄，就別輕易放過自己」、「可以輸掉身體，但一定要贏得靈魂」，想必都是他在衝破體力極限時，體悟出來的人生境界。

冠翔是最有執行力的人，他的跑步人生處處精彩，《去你的人生低谷：最速總的世界六大馬重生路》字字珠璣，是體悟運動人生的經典好書。

自序

人騙得了所有人；但當中不包括自己。

世界六大馬拉松即將完成之際，有兩家出版社找我洽談出書意願。當時，我說服不了自己，畢竟覺得自己的故事沒有什麼。我就只是個故事稍多些的普通人，況且也不覺得能完成世界六大馬有什麼了不起。即使周遭許多朋友胡亂敲碗，但人貴自知，我始終清醒。

二〇一八年底預備為校出征壘球賽，而致右腳嚴重撕裂傷，因而被迫中斷全馬二四五訓練（兩小時四十五分內完成全馬）。就在這個時間點，時報出版的阿湯哥因

二〇一六年波士頓馬拉松終點前四百公尺國旗飄揚實況。

二〇一六年全國EMBA壘球賽冠軍——臺科大EMBA。

為有大編劇慧如與三鐵好手老王的強力推薦，而和我深入洽談，再度建議我深入思考寫書這件事。

♫每個人都在問我到底還在等什麼，等到春夏秋冬都過了難道還不夠？♫

仔細想想，這本書不必侷限在世界六大馬，還可以加入更多和跑步相關的人生故事與生命經歷，更能將我以及團隊透過跑步，協助周遭親朋好友、公益單位，以及競技選手們等公益服務進行連結。

這一回，我就試著說服自己：雖然本來覺得自己的故事沒有什麼，但藉由自己最純粹、真實的經歷，以文字傳遞心中的想法，讓更多人、事、物藉由這本書被更多人看見，在人生中實屬難得；再者，能將版稅收入全數捐助公益單位與競技選手們運用，涓滴都是件好事。

一個半月後，我回覆阿湯哥：「好。」

本人勞碌命，一念至此，我就開始投筆「從容」了。

（上）象總書籍出版催生團。（下）世界六大馬六星跑者象總成績單。

至於接下來準備翻閱本書的你，不妨先聽聽我的建議。

如果你是個歡樂跑者或「腹愁者」，對於世界六大馬有一種想見不能見的傷痛，建議你不妨先讀讀第一篇〈親愛的，我完成了世界六大馬拉松！〉以及第十篇〈來，跟著象總太太跑步上學〉。

如果你是個歷盡風霜的家長，而家中半獸人蠢蠢欲動，建議你先讀第二篇〈那是個過動兒還不存在的年代〉，以及第十篇〈來，跟著象總太太跑步上學〉。

如果你曾歷經失去摯愛之痛，或是個平凡上班族，期待掙脫電影《今天暫時停止》（*Groundhog Day*）的日復一日，建議你可以先讀第三篇〈世界竟然會因為一個人而崩塌〉及第四篇〈那個男人，突然間跑了起來〉。

如果你對臺灣很是熱愛，對未來有點期待，建議你先翻閱第九篇〈幫大雄跟胖虎說：「這是我們的國旗！」〉以及第十二篇〈對，就是這些不自量力的小人物〉。

如果你都不在上述之列，但終究你翻到本頁了，咱們也算是有緣，建議你先讀第十篇〈來，跟著象總太太跑步上學〉，看完象總太太現身說法後，你再決定是否帶走這本書。

當然，請你無論如何就帶走這本書吧！

因為我相信，你一定能從這本書中讀到許多人生中未曾經歷的有趣故事，例如，第二篇〈那是個過動兒還不存在的年代〉；況且，這本書所有版稅我會全數捐出，作為社會公益之用。你讀書，眾人受益，何樂而不為？

喔！對了，有人叫我象總（英文名字叫Sean「象」），有人叫我學長，有人叫我最速總經理。至於你想怎麼叫，等看完了這本書，再給你自己決定。

帶連線符的兩個八分音符符號：作者愛聽歌、愛唱歌，會在「♫」符號後帶上一段歌詞，描述當時的感受。

前言——這天，就這樣來了

面對生命，走的人或許不痛苦，痛苦的往往是留下的人。
面對離別，再怎麼準備周全，總還是顯得手足無措。

「這天」，從來不敢多想，一切就像是場夢，來去都很突然。

我像往常一樣回到家中，走近媽媽的房間，試圖喊了幾聲：「媽！媽！」卻怎麼就沒人能應個聲？

那天，爸爸親手將媽媽的呼吸器移除後，她慢慢地停止呼吸，但我卻還沒有「這天終於還是來了」的感覺，只覺得一切都不是真的，她應該還會再站起來。

直到媽媽身體漸漸冰冷，四肢慢慢僵硬，我才逐漸意識到「這天」好像真的來了。剛會說四個連字的女兒不停摸著從小帶著她的阿嬤，滿口只是「阿嬤睡覺」，七個月大的兒子天真地在一旁看著，而我也多麼希望阿嬤只是在睡覺。

我家是極為傳統的東方家庭，一直以來的教育就是將感情隱藏收斂，更不曾在爸媽面前說過愛他們之類肉麻的話。封棺的那天，主事者要我們想說些什麼就快當面告訴她，封了棺，就再也看不到摸不到媽媽。摸著媽媽的額頭當下，我只想縱聲大哭，我在心中大喊：「如果有來世，我希望有機會跟媽再當母子。」

依舊熟悉的環境，可是少了她，家彷彿就只是個空殼子。我一度以為，塞滿行程的忙碌日常，可以幫助我將時間倒轉回頭，一切如昔，直到心中日益擴大的黑洞無意識地吞噬了自己，猶如行屍走肉的我才明白，自己輕忽了心中黑洞的放大功能。

本來就愛看電影的我，看得更瘋狂了。因為每個遁入劇情的當下，自己可以擺脫現實種種，寄情於超現實之中。

曾經也想過，行屍走肉又何妨，麻木不仁又如何，反正這世上自己最榮耀與讚美的媽媽已離我遠去。很長一段時間，總是好想哭、好想叫、好想回到過去，我彷彿呆坐枯井底端，看著人們走啊走，時間流啊流。張著眼，彷佛置身夢境；閉上眼，卻又無比真實。也不知道經過了多久，恍恍惚惚中，驚覺寶貝兒女漸漸長大，爸爸也已華髮蒼蒼，而另一半始終忍讓著我。我停了，但顯然世界沒停、風雨沒停。

「不能再這樣下去了。」我不只一次這麼對自己說。

但沒人能幫得了我，我得自己走出這深深的枯井……。

♫遠方遠方，哪裡才是遠方？原來愛人不在身邊就叫遠方。♫

象總兩個孩子赤足奔跑。

CHAPTER 1

親愛的，
我完成了世界六大馬拉松！

我們因夢想而偉大；因夢想太多而頭大。

除非時間具有返回功能，否則我完全不可能意識到自己會與「42.195公里」結下不解之緣，當然就更不可能預料到，自己會在二〇一七年底掛上世界六大馬拉松串連起來的「蜜糖波堤」（六星獎牌，Six Star Medal）。

回顧我的六大馬系列，像極了電玩中的闖關歷程。從二〇一三年八月到二〇一七年十一月共五十一個月，從剛開始的懵懂無知到後來的井然有序，從最初的手忙腳亂到最後的身經百戰，經歷了六次世界級備戰，以及過程中各式各樣的訓練洗禮，準備比賽的標準作業流程（SOP）都已成形。一路走來，有冷冽、有感動、有痠痛、有驚嚇、有挫折、有沮喪、有狂野，馬拉松之神總是出奇不意地在各個階段給我最富挑戰的試煉。但關關難過關關過，我依然期待每回的出賽，而心裡卻愈趨平靜。

我的六大馬之最，馬馬醉人。

「**最美**」：二〇一四年東京馬，是我的初馬，大約早上十一點途經淺草附近，天空飄下皚皚白雪。

「**最瘦**」：二〇一六年波士頓馬，在比賽前一天共走了20,819步，全體參賽團員腳瘦到叫不敢。

「**最嚇**」：二〇一六年柏林馬，比賽前一天參加完博覽會後，自己不慎拔除參賽身分識別手環，比賽當天一度被拒絕進入賽場。

「**最餓**」：二〇一七年倫敦馬，早餐攝取不足，賽前餓到跟外國跑者要東西果腹。

「**最驚**」：二〇一七年芝加哥馬，比賽前四天被太座傳染感冒，實在是前所未有的經驗，立即啟動緊急應變機制。

「**最抖**」：二〇一七年紐約馬，我的六大馬最後一馬，不但天氣溼冷，也是路程最坎坷的一馬。

——說說看，為什麼要跑世界六大馬？

「為什麼要跑世界六大馬拉松？」

回答這個問題之前，還得先談談我為什麼開始跑馬拉松？

「跑馬」這件事，每個人都有自己的起因或哲學，合理的、荒謬的、動人的、愚蠢的，畢竟面對這種折磨人的歷程，一位身心還算正常的跑者，無論如何都會找出一些能夠合理化或催眠自己的理由。

我的慢跑之路自然也是如此。

媽媽的離世，無疑就是遠因。原以為利用忙碌工作佔滿自己所有時間後，時間就會順勢帶走一切，卻沒料到情緒仍久久未能平復。自己早已不自覺深陷在電影《全面啟動》（*Inception*）裡所描述的「混沌」（Limbo），未死也非生，卡在什麼都不是的邊境徘徊，對於生活種種，感動與熱情不再。然而我並非獨身，不但有父有妻還有一對兒女，怎麼看都不能就這麼自私地躲藏在自己建構的灰暗空間裡，於是我奢望著能做些傻事，什麼都好，只要能帶領自己離開混沌。

至於近因，則是跟很多人一樣，遇上了身體老化、代謝退化，體重卻不斷進化的重重危機。恰巧有位好友在二〇一三年我的生日時，送了我一只運動穿戴裝置，天時地利人和湊成了機緣，自己就開始了這樁傻事。

當你真心渴望，整個宇宙都會聯合起來幫你完成。

收到禮物的我卻一直不敢開箱，就這麼以拖待變了快四個月，一來總覺得對好友不好交待；再者，前面提到的危機依舊四伏。最後在同年八月，終於下定決心，展開定期慢跑練習。

說也奇怪，跑步運動就像是在「抓交替」，總有人會告訴你什麼比賽要報名、什麼路跑得要參加。因緣際會下，我們一群人報名了二〇一四年「東京馬拉松樂透」，而早年的東京馬並不需要「人品」掛保證，我們都幸運地中籤。而原先我也不特別關注東京馬，因為在東京馬之前，我們還安排了風景秀麗的「太魯閣馬拉松」作為東京馬前模擬。但是老天似乎有什麼意圖，竟然就在二〇一三年太魯閣馬拉松舉辦前夕，

馬拉松樂透：六大馬中，倫敦馬、東京馬特別難抽，抽中有如中樂透一般，所以大家都說要先做好事，累積好人品，增加中樂透的機會。

花蓮發生大地震，該場賽事從全馬降格為半馬。一切就像電影中的黑道老大突然被做掉，而後繼者理所當然取而代之，東京馬意外地頂了位，成為我的初馬，後來想想，這無疑是最美麗的意外。

二〇一四年為了參加東京初馬，個人準備周全自然不在話下，我還特別夥同親朋好友訂作三十六件國旗裝，集滿四個家庭所組成的國際級應援團，浩浩蕩蕩地前往東京，除了稱職地幫我加加油，也順道幫臺灣曝光，更重要的是讓孩子們親身參與整個過程，體驗到歡樂的氛圍、體認到歷程的艱辛、體會到運動的美好、體現臺灣可以無所不在。

自此，「馬拉松比賽」、「家庭旅遊」、「曝光臺灣」三位一體，成為我們家的一種生活、休閒與教育方式。而在二〇一四年那霸馬拉松、二〇一五年北海道馬拉松、二〇一七年芝加哥馬拉松等，全都是「全家國旗跑旅」的最好實踐。

孤獨地自我訓練八個月共一千零四公里後，我完成了東京初馬！內隱的志得意滿與外顯的喜形於色自然不在話下，但太太似乎不怎麼理會我的個人突破，賽後慶功宴上，她逢人便積極抱怨我的東京馬「跑太久、跑太慢」，連帶導致她所帶領的國際級

世界馬拉松大滿貫專案負責人——Judee。

加油團在寒風中等候近十五分鐘。

俗話說得好：「秀才遇到兵，有理說不清」。

「哦，天呀！」我這簡直是「兵遇到秀才，42.195公里說不清。」雖然最後我以三小時二十分五十四秒完成東京初馬，但心中的雀躍歡喜立即被澆熄，深感罪惡的同時更認定自己仍有許多進步空間。常言道：「無論成不成功的男人，背後都有一位偉大的女人。」一念至此猶如當頭棒喝，自己當真是頓悟了。

而跑馬拉松的人，在跑馬功力精進同時，資訊搜尋能力也會大幅提升。在不斷鍛鍊的過程中，我更深入認識世界六大馬拉松，包括東京、柏林、倫敦、芝加哥、紐約，**以及世界上歷史最悠久，而且是所有認真的業餘跑者最希望參與的馬拉松最高殿堂：波士頓馬拉松**。

接下來還有什麼好想的，當然就是挑戰自我，期待能參與二〇一六年「波士頓馬拉松」一百二十週年。而挑戰世界六大馬的念頭，也是在這個時期開始快速萌芽，我開始夢想著，期待自己在四十五歲前將它們一一完成，做為這段磨人歷程的逗號，或是驚嘆號！

當然，如同太太所積極抱怨的，我可得試著再快一點回到終點。

——比美好更美好的故事

每個人都有自己的夢想，也都有個自我解讀及完成夢想的方式。唯一不變的，是得一步步逐夢踏實，一段段地通過考驗，不斷對著鏡子裡每個階段的自己說：「Yes, you can make it!」

如果要各用一個字描述我的六大馬，我會用以下六個字來做註解：「歡、狂、念、善、驚、動」。

東京的「歡」

東京馬就像場夢，二〇一四年二月二十三日，我終於有了第一個署名「王冠翔」的全馬成績。最初報名東京馬樂透時，還是個不確定能否完賽的「肉腳」，當唬下了「四個半小時」的參考成績，自己還一度有些臉紅。

步頻：跑步、快走或走路時，每分鐘腳步落地次數，例如，每分鐘雙腳共踩地一百八十步，其步頻就是180 SPM（Stride Per Minute 每分鐘步頻數）；而「步幅」是移動過程中，前後落腳點間的平均距離，步頻與步幅兩者相乘，即為「速度」（平均每分鐘移動距離）。

最初的我懵懵懂懂，不但常常獨自練習，而且還是個沒有自己步頻、配速，只能傻傻跟跑的馬拉松摸索者，後來慢慢受到許多跑友幫助而完成初馬。「配速之神」高志明大哥大概忘不掉他帶我去「操山馬」，跑過人生首次「劍中劍」。然而那是個讓我斷氣的劍中劍，實際上根本沒完成，頂多就是個「劍中斷劍」。呆呆地練習了八個月後，我終於參與並且享受東京初馬的歡欣、奔跑於賽道的歡樂、賽後全體慶功的歡聚。

當時的一切彷彿昨日，沿途有數不清的臺灣人與日本人衝著我身上穿著印有大大「TAIWAN」的國旗裝，用力為我打氣！在ＹＭＣＡ加油區，群眾與跑者們都大跳ＹＭＣＡ，我自然也忘情的比起ＹＭＣＡ。但當我正繼續邁步向前時，右側緊臨的日籍跑友，他左手比出的「Ｙ」就這麼一巴掌地精準命中我的右臉！

過半路程後，沿途的緊繃感卻被眼前飄下皚皚白雪的浪漫，驅趕得一絲不剩，腳還在努力跑著，人卻不爭氣地在三十二公里附近因為感動而熱淚盈眶。終點線前，親友們所組成的國際級加油團對我放聲吶喊加油，而我也顧不得零件老舊、過熱，就這麼拔腿狂奔、直衝進站！

臺灣操山馬：虛擬社團，成立於二〇〇九年，是由一群愛好跑步、愛好馬拉松運動的跑者所成立。主要推廣國內慢跑風氣，從單純健康慢跑到馬拉松賽事，進而延伸到超級馬拉松，並提倡健康與環保的跑步概念。愛台灣的任一塊土地、任一片山林、任何一條道路，貼近大自然，健康優先，快樂奔跑。其團練主場為劍中劍。｜**劍中劍：**從大直劍南路、北安路口出發，由劍南路接至善路後右轉，遇中社路後再右轉上行，直到中社頂翠山步道入口處原路折返，去回路程共計約十八公里。

波士頓的「狂」

東京初馬後，一路默默地訓練再訓練，從二〇一四下半年開始，共計累積一千六百三十二公里的進階練習，讓我藉由二〇一五年「渣打馬拉松」三小時零分十三秒的成績，順利如願在二〇一五年九月，取得二〇一六年「波士頓馬拉松」第一百二十週年的參賽資格。實際上，對於所有業餘跑者而言，先不談是否能完成波士頓馬拉松，單單是「通過ＢＱ（Qualify for the Boston Marathon）」，得以參與全世界歷史最悠久的波士頓馬拉松，這本身就已經是最美好的肯定。

回想當初全心投入訓練，極度渴望取得ＢＱ的狂想、場上場下加油群眾對於所有跑者的狂熱、吶喊隧道上男男女女的狂放、終點線前臺灣代表隊員揚起國旗的狂奔，以及「Boston Strong」那種捨我其誰的狂嘯，都是難忘的歷程。

電影《賽德克巴萊》中，有句精彩對白：「**真正的人可以輸掉身體，但一定要贏得靈魂。**」二〇一三年爆炸案的倖存者們，靠著義肢與毅力通過二〇一六年賽道終點的那一刻，我在波士頓親眼見證了這一切，震撼至今！

BQ：波士頓馬拉松是全世界歷史最悠久的馬拉松，BQ是波士頓馬拉松的參賽門檻，要獲得波馬資格，參賽者必須達到其年齡和性別相對應的時間標準才能報名。而由於成績擇優錄取，每年達標而向隅參賽者亦不在少數。

二〇一六年柏林馬終點前四百公尺。

柏林的「念」

大約在二〇〇二年到〇六年間，因為工作的緣故，曾進出德國十餘次，一個人前後在那兒待了七、八個月，卻怎麼也沒想到當時那種寂寞與陌生，隨著時間過去，竟轉換成一種想念。想念的事物其實很簡單，就是那一球0.5€的冰淇淋、1.5€含飲料的土耳其沙威瑪、2€的熱狗堡，以及一段沒人拿得走的回憶。

這裡是除了臺灣，我待了最久的國家。

初到德國，一切都是那麼令人興奮，不但有Robin、發哥還有Simon同行，還有探索未知的新鮮感相伴。原訂兩週行程，因為產品需要微調，而足足讓我多留了兩個多月。早先迎接我的還是幾許落葉，餞行時，已是白雪紛飛。

有人問：「衣服呢？」

「根本沒帶夠！」我笑說，生平第一件皮衣消費就這麼奉獻給德國的GDP。

當年，不知道德國F1賽車手大、小舒馬克的人，很可能本身就不在地球生活。汽車工業、賽車文化與Autobahn（德國高速公路）在德國相互昇華，到底孰為因、何為果，不可考也不那麼重要。重要的當然是我的Autobahn初體驗，是由公司下包的老闆Peter駕駛ＢＭＷ所領航，開車前，他煞有其事對著四名乘客開始「機上廣播」：「Ladies & Gentlemen, this is your captain speaking. For your own safety, please fasten your seat belts securely. Thank you.」

當下我只覺得好笑，德國為什麼連開車也要來上這麼一段？不用多久，當這位尋常百姓Peter飆速接近時速兩百六十公里，大家就一致同意那當然是「飛行」必要措施。

緊抓著後座扶手，高速公路飛行首航，理所當然由德國主控全場。

而Darco，一位曾在飛利浦公司（Phillips）工作多年的德國人，做事嚴謹且有學者風範。你看到他時永遠是西裝筆挺，在公事上他非常直白而犀利，他說的那些笑話，你先別笑，仔細聽就會知道他正在挖苦你的公司。

包括挖苦的功夫在內，他絕對是位稱職的ＱＡ（品質管理）主管。他曾在飯局中與我談論公司與品質管理整整兩個鐘頭，直到時差被我當作藉口他才方休。而且他常在會議中對著我嚴正抱怨某些產品問題，但私下再貼心確認剛才是就事論事而非針對個人表態。

若要我用一句話總結德國的人、事、物，我會說：「**實事求是、按部就班**。」我過去曾是個膽小鬼，常害怕付出與回報不成正比，所以凡事故意用一副毫不在乎的隨性態度。但在這段經歷過後，我常用「實事求是、按部就班」提醒自己，凡事不管結果好壞，必要全力以赴，認真準備、認真表現。對於人生、工作與跑馬拉松，「實事求是、按部就班」的信念，絕對是德國給我的磨練。

對於德國和柏林，迎面而來的是一種懷念，我不只是去比賽、去跑步，更是重回在那裡生活的體驗與感動。

——從我的六大馬到我們的六大馬

從懵懂無知的孤獨跑者，到完成世界六大馬拉松，在東京、波士頓及柏林三大馬之後，一切已然過半。一路上陸續出現許多或靜或動、上山下海的戰友們陪我一起努力，今日的我正一步步完成昨日仍在腦海的不可能。

聖雄甘地說：「要改造世界，先改變自己。」我不但呆呆地力行這句話，也開始打算用不一樣方式和角度，繼續完成後來的三大馬。而接下來的就是世界上最盛大的單日公益募款活動，同時也是最難入選的「倫敦馬拉松」。

倫敦的「善」

跑步可以一個人跑，也可以是一群人跑；可以為自己而跑，更可以是為公益而跑。

這是頭一回，我跑起馬拉松感覺這麼有壓力。畢竟有這麼多好朋友們跟我一起做公益，不論捐的是十英鎊或是一百英鎊，不僅幫助了國內外的癌童機構及國內的肯納自閉兒機構，更讓我有機會帶著大家一起參與這項慈善馬拉松。（我立了根功德柱在結語〈灰象甘蝦羚打擂〉，大德們可別忘了去瞧瞧。）

在我的六大馬計畫中，倫敦馬本來是最後一塊拼圖，最快要到二〇一八年才有機會完成。（原訂二〇一四年東京初馬、二〇一六年波士頓、柏林馬、二〇一七年芝加哥、紐約馬，二〇一八或二〇一九年才是倫敦馬。）

然而，當我在二〇一六年下半年知道二〇一七年上半年有歐洲出差計畫後，我就開始改行當「編劇」了。跟大家一樣，我也報名了倫敦馬樂透，但畢竟臺灣總是很少人樂得到、透得了。當不意外地收到不錄取通知時，我更是開始找尋其他的可能性，頻繁發信到亞洲其他有配合的旅行社詢問，也如預期所想，所有回信都直指「名額早被預訂了」。

不用想也知道，跑馬人哪有這麼輕易放棄的。最後我決定改走慈善路線，終於順利地拿下僅有的慈善席次。

藉由倫敦馬，我邀請親朋好友們一同來關懷臺灣自閉兒和癌症病童，一起兼善、行

二〇一六年倫敦馬遞旗手——Kona王者：鋼鐵老爸Jason。

善、揚善、樂善。不但有許多支持我的親朋好友們響應，更讓我感受到大家希望為公益付出的善念與行動。

因此，本來只是我的倫敦馬，因為大家的共襄盛舉而成了「我們的倫敦馬」。

芝加哥的「驚」

二〇一六年我本來有個帶著全家前往美國半年的進修計畫，於是我以成績分別申請了二〇一七年「芝加哥馬」與「紐約馬」，並獲取參賽資格。

起初覺得這個構想很完美，可以全家出遊，又能一兼二顧把六大馬完成。可是人算不如天算，後來因故取消了進修計畫。但想到自己都已經跑完六大馬的其中四個，頭都洗一半了，就把剩下兩顆頭洗完吧！

然而也因為進修計畫生變，反倒產生了一個困擾：「得在有時差的地方，連續兩個月跑馬」。這也是第一次嘗試將「全家國旗跑旅」移往具有明顯時差的國度。

然而最驚險的還在後頭，不小心被同行的枕邊人傳染感冒，憂慮的心情揮之不去。我怕嗜睡不敢吃藥，而賽前一、兩天窮盡一切手段：線上求助醫生及友人、灌開水、吸蒸氣、吞維他命、補運動飲、包緊全身，就是希望全力壓住這位不速之客。幸好處置得宜，比賽前一天和當天呼吸道還算順暢，只餘下「濃濃的痰吐」跟「啞啞的談吐」。

連同著賽前感冒的驚魂，芝加哥賽道十九彎二十八拐的驚訝，賽道上數度受到急行而過的自行車驚嚇，天缺時地未利人不和竟然還能達成預定目標，我因而感到驚奇！當然，還有帶著兩個小孩第一次跨足美國，歷程更是處處驚心動魄。

我最大的收穫，在於：「**別只盯著外面，最大的對手永遠是自己，接著是自己人。**」最後驚覺，人的潛能真的是無限啊！

紐約的「動」

我帶著興奮又期待的心情前往紐約，經過四年多的精實訓練，讓我在面對未知的挑戰仍保有充裕的自信。（**或許唯一的隱憂來自於長期訓練下，身心持續累積的疲累。**）

紐約馬剛起跑，就是個大上坡跑上「韋拉札諾海峽大橋」（Verrazano-Narrows

Bridge），生涯十六次全馬中，從沒印象哪次像紐約馬一樣，才一開始雙腿就非常有感了。

我想這就是所謂的下馬威，紐約馬鐵了心，在一開始就給所有想親近它的跑者們下馬威。

過去的跑馬經驗裡，不論什麼狀況多少都曾遇過。當起跑後就感覺狀況不好時，倒不一定是壞事，反而會讓我們更謹慎以對。

賽前最該戒慎恐懼的，肯定是橫跨五個行政區總共五座連結橋樑。而等到親身上陣後，卻發現除了橋樑以外，一般道路坡度竟也常常「急轉直上」！馬拉松最後的12.195公里往往是驗證功力高低的時候，而紐約大蘋果的最後12.195公里，同時也是我世界六大馬的最後12.195公里，更是挑戰重重。

除了後面仍有「威利斯大道橋」（Willis Ave. Bridge）及「麥迪遜大道大橋」（Madison Ave. Bridge）兩座橋靜靜地等候著我們，中央公園周遭的高低起伏更像極了顆不定時炸彈，隨時準備引爆跑者疲憊的雙腳。也因此，東九十街即將轉入中央公園前，有右側詩意、左側過億的第五大道，整條路段看來極其浪漫，但沿途坡度一路向上，跑來卻極其緩慢。

二〇一七年紐約馬終點前最後五百公尺。

在當天選手村漫長等待的冷冽抖動，前後五座橋對意志的無限撼動，以及沿途加油群眾的慷慨激動，到最後順利完賽、取得世界六大馬六星排列成「蜜糖波堤」的莫名感動，至今仍深深刻劃在心底。

二〇一七年紐約馬的標語是「It will move you.」著實明顯適用於任何自虐的行徑或處境。

毛毛細雨間，我掛著六星「蜜糖波堤」，獨自漫步於紐約馬終點線後，披著完賽斗篷緩緩走出中央公園的路上，我不時仰望天空，品嘗一種專屬自己卻又不僅僅屬於自己的滿足感。

我不是歸人，也不是過客，我是個跑者；

一個已完成自己以及許多親朋好友期待的六星跑者。

——番外章：親近六大馬，看看你有幾「城」把握？

在下定決心追求東京馬以外的六大馬後，我就常在六大馬博覽會的「世界馬拉松大滿貫」（World Marathon Majors，簡稱WMM）專屬攤位上，遇到專案負責人Judee。當你準備六大馬收官馬的前一個月，務必要跟她保持聯繫，以確保當天完賽後就能領到六星獎牌。

WMM是從二〇〇六年起，由亞培（Abbott）贊助設立的世界六大城市馬拉松大滿貫賽事，每年輪流由東京、波士頓、倫敦、柏林、芝加哥，以及紐約六大城市接連上陣，串起目前世界上最精彩又最歡樂的馬拉松嘉年華。當跑者完成這六個馬拉松賽事後，即成為「六星跑者」（Six Star Finisher）。WMM會針對完成六場大滿貫，並通過成績確認的六星跑者，頒發六星獎牌、證書，並將其列名在WMM網站上。

世界馬拉松官方網站。

要參與世界六大馬其中幾場並不難，但要想順利全數完成，就屬於高難度挑戰。一般想參與六大馬，可以透過成績達標、樂透、慈善捐款、旅行社行程、特定贊助企業名額等進行報名，六大馬當中由於倫敦馬無法讓海外跑著取得參賽資格（ＬＱ，Qualify for the London Marathon），且中籤率又非常低，取得參與名額資格最為不易。

以「成績達標」而言，這是素人菁英最強的依靠，六大馬都可以靠成績比對標準達標，然而倫敦馬拉松除外，想要ＬＱ就必須是英國住民或居民才可申請，一般非英籍的菁英跑者，難以透過此管道入選。

以「樂透」而言，芝加哥馬及柏林馬屬於高中籤率賽事，紐約馬雖不容易中籤，但仍優於東京馬其不到百分之十的中籤率，當然更是遠遠勝過低到不能再低的倫敦馬。不過，再怎麼樣都還有個歷史最悠久的波士頓馬墊底，因為波士頓馬無籤可抽，總不可能有比「零」更低的機率吧！

針對世界六大馬，如果你人品欠佳、成績平平，但參與企圖與鬥志卻比天高，大概就只好「窮得只剩下錢」，透過「慈善捐款」或「旅行社行程」參與，而也由於現今旅跑市場大開，非常容易找到相關單位協助。

想要親近世界六大馬的朋友們，請先參考以下簡要攻略，以確定你能有幾「城」把握。

二○○二年象總第一次到德國，和Robin與發哥合影。

WMM六大馬直通成績標準

製表Bigbird Lin
V1.1_2019

<table>
<tr><th></th><th colspan="4">東京</th><th colspan="2">柏林</th><th colspan="2">芝加哥</th><th colspan="2">倫敦</th><th colspan="2">波士頓</th><th colspan="4">紐約</th><th></th></tr>
<tr><th>年齡</th><th colspan="2">全馬</th><th colspan="2">半馬</th><th></th><th></th><th></th><th></th><th></th><th></th><th></th><th></th><th colspan="2">全馬</th><th colspan="2">半馬</th><th>年齡</th></tr>
<tr><td>16-17</td><td rowspan="13">2:45
*2:55</td><td rowspan="13">3:30
*3:40</td><td rowspan="13">*1:21
*1:05</td><td rowspan="13">*1:45
*1:15</td><td></td><td></td><td rowspan="2">3:05</td><td rowspan="2">3:35</td><td></td><td></td><td></td><td></td><td></td><td></td><td></td><td></td><td>16-17</td></tr>
<tr><td>18-29</td><td rowspan="4">2:45</td><td rowspan="4">3:00</td><td rowspan="3">3:00</td><td rowspan="3">3:45</td><td rowspan="2">3:00</td><td rowspan="2">3:30</td><td rowspan="2">2:53</td><td rowspan="2">3:13</td><td rowspan="2">1:12</td><td rowspan="2">1:32</td><td>18-29</td></tr>
<tr><td>30-34</td><td rowspan="2">3:10</td><td rowspan="2">3:40</td><td>30-34</td></tr>
<tr><td>35-39</td><td>3:05</td><td>3:35</td><td>2:55</td><td>3:15</td><td>1:23</td><td>1:34</td><td>35-39</td></tr>
<tr><td>40-44</td><td rowspan="2">3:20</td><td rowspan="2">3:50</td><td>3:05</td><td>3:50</td><td>3:10</td><td>3:40</td><td>2:58</td><td>3:26</td><td>1:25</td><td>1:37</td><td>40-44</td></tr>
<tr><td>45-49</td><td rowspan="3">2:55</td><td rowspan="3">3:20</td><td>3:10</td><td>3:53</td><td>3:20</td><td>3:50</td><td>3:05</td><td>3:38</td><td>1:28</td><td>1:42</td><td>45-49</td></tr>
<tr><td>50-54</td><td rowspan="2">3:35</td><td rowspan="2">4:20</td><td>3:15</td><td>4:00</td><td>3:25</td><td>3:55</td><td>3:14</td><td>3:51</td><td>1:32</td><td>1:49</td><td>50-54</td></tr>
<tr><td>55-59</td><td>3:20</td><td>4:05</td><td>3:35</td><td>4:05</td><td>3:23</td><td>4:10</td><td>1:36</td><td>1:54</td><td>55-59</td></tr>
<tr><td>60-64</td><td rowspan="6">3:25</td><td rowspan="6">4:10</td><td rowspan="2">4:00</td><td rowspan="2">5:00</td><td>3:45</td><td>4:30</td><td>3:50</td><td>4:20</td><td>3:34</td><td>4:27</td><td>1:41</td><td>2:02</td><td>60-64</td></tr>
<tr><td>65-69</td><td>4:00</td><td>5:00</td><td>4:05</td><td>4:35</td><td>3:45</td><td>4:50</td><td>1:46</td><td>2:12</td><td>65-69</td></tr>
<tr><td>70-74</td><td rowspan="2">4:30</td><td rowspan="2">5:55</td><td>5:00</td><td>6:00</td><td>4:20</td><td>4:50</td><td>4:10</td><td>5:30</td><td>1:57</td><td>2:27</td><td>70-74</td></tr>
<tr><td>75-79</td><td>5:15</td><td>6:20</td><td>4:35</td><td>5:05</td><td>4:30</td><td>6:00</td><td>2:07</td><td>2:40</td><td>75-79</td></tr>
<tr><td>80+</td><td>5:25</td><td>6:10</td><td>5:30</td><td>6:40</td><td>4:50</td><td>5:20</td><td>4:55</td><td>6:35</td><td>2:15</td><td>2:50</td><td>80+</td></tr>
<tr><td>認證賽事</td><td colspan="4">海外準菁英標，以賽會簡章公布為準，AIMS/IAAF標籤賽為主
*國內準菁英標，需JAAF認證賽會
*國內學生標，需JAAF認證賽會</td><td colspan="2">AMIS</td><td colspan="2">IAAF
AMIS
USATF</td><td colspan="2">以UKA及AIMS認證為主，IAAF賽事有機會</td><td colspan="2">IAAF
AMIS
USATF</td><td colspan="4">NYRR賽事優先，只有一部分有限的名額提供給非NYRR的賽事申請者，採先到先得</td><td></td></tr>
<tr><td>成績認可有效時間</td><td colspan="4">賽事年份-2的7月1日至賽事年份-1的6月30日
**賽事年分-2的11月1日誌賽事年分 -1的10月31日</td><td colspan="2">賽事年份-2的1月1日至賽事年份 -1 的12月31日</td><td colspan="2">賽事年份-2的1月1日起</td><td colspan="2">賽事年份-2的1月1日至賽事年份 -1 的8月初</td><td colspan="2">賽事日期前的19個月以內</td><td colspan="4">賽事年份-1的1月1日至12月31日</td><td></td></tr>
<tr><td>備註</td><td colspan="4">總數300位
*國內總數1500</td><td colspan="2"></td><td colspan="2">唯一可接受18歲以下的運標跑者賽事</td><td colspan="2">現有英國居留權的民眾，男女各3000位</td><td colspan="2"></td><td colspan="4"></td><td></td></tr>
</table>

世界六大馬拉松直通成績對照表。（參考來源：林孝光）

	東京	波士頓	倫敦	柏林	芝加哥	紐約
起始年	2007	1897	1981	1974	1977	1970
報名時間	前一年八月	前一年九月	前一年五月	前一年十月	前一年十一月	當年一月
舉辦時間	三月初	四月中	四月底	九月底	十月初	十一月初
參賽人數	34,819	35,868	39,487	44,389	44,610	51,388
觀眾人數	1,300,000	500,000	1,000,000	750,000	1,700,000	1,000,000
成績達標	Yes. TQ	Yes. BQ	No.	Yes. BQ	Yes. CQ	Yes. NQ
中籤率	第四高	無籤	第五高	第二高	第一高	第三高
參賽報名費	18,200日元	250美元	80英鎊	125歐元	220美元	358美元
慈善捐款	100,000日元	5,000 - 10,000美元	1,500 - 2,500英鎊	190歐元	1,500 - 2,000美元	2,620美元
賽事特色	· 亞洲最歡樂 · 入場需手環	· 歷史最悠久 · 無籤可抽 · 吶喊隧道與心碎坡	· 中籤須頂級人品 · 金氏世界紀錄最大慈善活動 · 賽道多變裝跑友	· 最速賽道 · 世界紀錄產生地 · 入場需手環	· 前最速賽道 · 路線超曲折	· 最多跑者 · 最多橋 · 最多坡

世界六大馬拉松資訊比較表。

CHAPTER 2

那是個
過動兒還不存在的年代

如果無法搞定他們，那就搞混他們。

♫「我可愛的她呀在哪裡？為什麼沒有她的消息？
我可愛的她呀在哪裡？不要忘了今晚的約定。
夕陽下山後，月亮掛枝頭，萬家燈火。
走過小橋頭，在那沙灘上，老椰子樹下。
我要請那晚風帶句話，請妳珍惜我柔柔的情意。
我要請那雲兒告訴她，不要忘了今晚的約定。」♫

如果要我回憶幼童時期最能琅琅上口的一首成人歌曲，那肯定是當時由陳彼得所演唱的這首〈也是情歌〉。

當時的自己完全不懂這首歌的歌詞含義和意境，甚至連演唱人是誰也搞不清楚，但

陳彼得〈也是情歌〉（It's also a Love Song）

印象所及有很長的一段時間，自己常常會在不同時空、情境下，快樂的哼唱著這首歌曲，而且不斷重複。恰好同一時期，大人們最常怒氣沖沖問到我，正好也跟歌詞高度相關：「阿翔咧？他置兜位？」（他在哪裡？）此起彼落的臺語質問句，也是不斷重複，歌詞儼然已改成「我可恨的他啊在哪裡」。

「過動兒」這個名詞普遍被大眾認識的時候，也大概是在我已脫離兒童階段之後了。不過成年後，時常還是有朋友問我：「你以前應該是過動兒吧？」或是親友們常會回顧：「他小時候從來沒有好好走路過，都是用跳的前往目的地。」

從親友們的語氣中，感覺到他們鬆了口氣，卻又像是摻著當年氣得咬牙切齒……。

——小心！過動兒就在你身邊

我常在想，一般人會怎麼開始介紹自己的故事？從學校談起？從工作談起？或從專長、興趣談起？這樣的起頭是不是太無趣了？會不會讓讀者覺得作者的頭可能破了個洞？我反覆提醒自己，千萬不能讓一本書的開頭沒多久，就這麼八股。

才想到這裡，倒是輕輕地提點了自己，我小時候還真有過頭被打破的故事。要怎麼有趣地破題，說不定可以從頭破血流的故事開始說起。

那天晚上，全身沾滿血的母親由父親載著，抱著頭被打破的小男孩趕去醫院急診！當時「國軍八一七醫院」，距離更名為「臺大醫院公館院區」的西元一九九九年，至少還有十五年的距離。

「阮這隻足嘸定著啦，足歹ㄟ，沒幾ㄟ厝邊嫌嘸到的啦！」（我這孩子沒定性，很壞，街坊鄰居幾乎都嫌過他頑皮。）

國小三年級的過動小象（中間站立者）。

媽媽的幾句經典名句，小男孩從小到大不知聽過凡幾，見怪不怪了。容我說句公道話，小男孩就是活潑、好動罷了。套句政治人物的名言：「有這麼嚴重嗎？」「有這麼嚴重嗎？」那晚，在現場的親友們，大概都覺得挺嚴重的。

「國軍八一七醫院」距離小男孩家大約三分鐘機車路程，途中非得穿過一條大排溝，而這大排溝原為瑠公圳的一條主幹線，在二、三十年前加蓋而形成現在的芳蘭路。當天夜晚如往常寂靜，沿路除了急速駛過的機車引擎聲，還有母親哭喊著催促父親的聲音。母親因為緊抱著小男孩，米白色連身衣物被染成一大片鮮紅，眼淚看不出顏色，否則肯定再染上另一大片。

小男孩包紮完回到村子家中，親朋好友們聞訊後紛紛趕到家裡慰問，只見現場呈現如重要活動才有的人山人海。「哎唷，哩ㄟ脾氣嘛嘸厚呷呢歹！」（哎唷，你的脾氣不要這麼壞！）「俚是咧起肖哦，自己生ㄟ嘛嘸是去嘎人抱來ㄟ！」（你是發瘋啊，你自己生的又不是去抱來的小孩！）「哩衝三小？囝仔夠呷細漢。」（你是在搞什麼？小孩還這麼小。）「囝仔人嘸厚啊呢嘎啪啦！」（小孩子不要這樣打啦！）就在小男孩家門內外，街頭巷尾的親朋好友們七嘴八舌地來回討論著。

或許因為人潮洶湧，或許因為誤傷自責，平常極討厭外人插嘴告訴他怎麼教小孩的父親，當晚顯得異常靜默；至於那個破頭的小男孩，或許因為失血過多，或許先前哭得太兇，當晚也變得安靜許多。

親身透過小男孩的視角，我永遠記得當晚發生的每一幕。其實，我的安靜是來自於驚魂甫定，而且當天晚上實在是哭到有點累，否則身為一個總是到處跑、到處玩、到處惹麻煩的破壞王，常常被揍、被罵、被處罰，倒也挺合邏輯的。

這兒雖座落在繁華的臺北市大安區，深入此地卻又像極了寧靜的小鄉村，我甚至都戲稱這裡根本是「臺北市的鄉下」。從前，當大事發生時，親友們就會自動聚在一起共商大計，與鄰近的「寶藏巖」不論在命運、文化、建築或歷史背景都頗有相似之處。大部分交錯的房舍空間結構，順勢將數代之前本來關係密切卻日漸疏離的住民們連繫著，路不拾遺或許不可能，但夜不閉戶倒是有那麼幾分味道。

小時候，我老愛惹事，小朋友們最常在縱橫交錯、相互連通的房舍間四處玩耍、追逐。遊戲主要有三種：「紅綠燈」、「警察捉小偷」，以及「躲貓貓」。從前沒什麼玩具，各自運用自身體能、體力而就地取材或因地制宜，是我們最合理的選擇。

偶爾，不知情的大人們還可能會我們被嚇一跳！「阿發」的孫子竟然躲在自己家裡廚房，而旁邊廁所裡躲的還有另一家「在華」的兒子，被嚇一大跳的大人操著臺語怒罵：「恁是咧衝三小？」（你們在做什麼？）小朋友們卻只是比起了「噓！」的手勢，繼續堅守「小偷」的崗位，心中希望大人們魯莽的舉動不會害他們被擔綱警察任務的小朋友發現。

至於你擔心小朋友偷跑進家裡，家中的狗會不會咬了他們、嚇壞他們？這點請務必放心，貓貓狗狗們反而會躲得遠遠的，以避免被過動的小朋友們「凌虐」。

然而，這樣就叫愛惹事嗎？

別急，欠揍的事可多著。

其中一個，就是玩「追車快跑」。記得從小學二、三年級開始，我就自己坐公車上學，而不論是趕著上學或追公車，我常有機會練習跑步。尤其以前車還沒這麼多、車速沒這麼快，常常會看到在路上有個小學生在追車、搶紅綠燈、穿越馬路跟車比快，每一次追上後，我都沾沾自喜地覺得我比車更快，而且，是每一次都比較快；正所謂「青瞑唔驚槍」（瞎子不怕槍），長大後想想，還真慶幸沒有哪次我是比車慢的。

另外，就是玩「按鈴快逃」。小學放學走在回家的路上，心血來潮，沿路鎖定公寓或華廈為目標，悄悄靠近後立即將整棟樓的電鈴全都按一遍，按完後就立刻跑到對街，去看看有沒人追出來，如果有人出來，立刻拔腿就跑！等了一會如果沒有人出來，就再過去按一次……。

由於任務失敗時，下場往往會很慘、很慘。我充分理解到人生中有些關鍵時刻，速度真的非常重要，而速度是可以鍛鍊出來的，只要那個時刻攸關性命。

——什麼？天龍國有這樣的地方！

「芳蘭」一名的由來，就連高齡九十多歲的阿公，也只能說出：「還在他們很小的時候，這兒就這麼叫了。」

但不打緊，文獻裡詳細記載，這兒是渡臺始祖陳振師，為了紀念他們發跡的「芳蘭記船頭行」而命名，自然後頭倚靠的這片小山就命名為「芳蘭山」了。

「芳蘭大厝」是陳家渡臺始祖於一八〇六年改建而成，這也是芳蘭開墾的起點。陳家後代子嗣，又在附近陸續建了「義芳居」及「玉芳居」，建築中富藏燕尾翹脊、馬背以及磚石厚牆，舊時美稱「芳蘭三塊厝」。當地人都稱芳蘭大厝為「古厝」，義芳居為「前厝」，玉芳居為「新厝」。陳姓宗族當時的人丁興旺、富甲一方，由此可見一斑。

才不過數年之前，遠眺芳蘭山時，映入眼簾的最大特色，就在於「滿山盡是夜總會」。鼎盛時期，約有近一萬八千間夜總會熱鬧營業；但其實在上個世紀初，這兒本是青山綠水。根據記載，舊時日本人為了發展西門町，許多夜總會苦無遷移之處，當時陳家祖先慷慨將這座山捐出，並修建「萬善堂」（現稱「芳蘭地藏王廟」），不但收容了這些無主夜總會，日後也逐步成就了「滿山盡是夜總會」。

住在這兒的人口極為簡單，如果讓我來分類，我會概略分成三種社群。

第一群，是「芳蘭山莊」內的退役軍人，小時候我們都戲稱他們為「老芋仔」。這些當年的英雄們平時無須工作，散步、思鄉、泡茶、下棋、種花，以及炮轟臺獨或臭罵政府，就是他們主要例行公事。

第二群，是在地的「蕃薯仔」，大多跟陳姓宗族有若干關係（佃農、民工、婚娶等），勞動階級的他們，多半從事農耕、土木、風水等工作。而由於瑠公圳幹線經過，這兒曾經也有農作灌溉。近代因應都市發展計畫及土地徵收政策，外圍土地大多歸臺灣大學所有，這兒猶如四行倉庫般發展愈趨侷限，居民長久以來只能依靠既有的資源「芳蘭山」，「靠山吃山」遂成為當地住民的重要選項之一。

上述兩類看似風格迥異、諸多衝突的社群，卻也不是沒有交集。至少，他們彼此的住處都鄰著山，與夜總會緊緊相依。

最後說到最特殊卻又精彩的第三類社群，肯定就是我跟這群無憂無慮的小朋友們。由於依著山邊生活，自然而然演化出一套現代臺北人極為罕見的生活體驗。

因為這兒有人專精「風水堪輿」，有人擅長「夜總會整體規劃、設計與建置」，有人醉心各類「夜總會門牌（墓碑）打造與雕琢」，有人則精通「生離死別」等全套儀式，族繁不及備載，所有你想得到的、想不到的、不敢想到的，這兒都有高手、高手、高高手。

姑且不論好不好看、喜不喜歡，芳蘭山順理成章地成了這些夜總會老闆以及居民們的共同創作藝術品。也因此，外人眼中恐怖的場域與場景，對於我們第三類社群而言，心中害怕縱然不曾稍減，行為反應卻是見怪不怪。往村裡的一條路走下來，隨處可見已是成品或半成品的夜總會門牌；山坡上躲貓貓的祕境旁，晾著的可能就是不久前才拾起的先人骨骸；路旁玩耍時，巧遇扛著夜總會老闆的大隊人馬，正準備偷偷上山入住；遇到假日時，我們偶爾擔任山上攪拌紅毛土、送便當小工時，更是常常要翻山越「會」（夜總會的會），朝著滿山遍野大膽前進。

不說外人不會知道，我們小時候很常在這山上奔跑、到小溪抓魚、螃蟹等，以及上大型夜總會滑草、玩團康遊戲；特定節日時，較年長的大朋友甚至會在夜裡帶隊，拿著用竹子、布與汽油做成的自製火把，來個山境探險。這片外人眼中的陰森鬼域，卻是我們第三類社群小朋友們心中的溫暖回憶。

芳蘭的第三級古蹟義芳居。

——來見見在山間奔跑的孩子

「順字——順字哦！順一個字，今年會大順利哦！」（臺語順口溜）

每逢清明時節，山腳下不時會聽到這句順口溜。而叫喊著這順口溜的，通常都是些高年級小學生或國中生。右手握著毛筆，左手拿著金漆或紅漆，小鬼們要順的字，自然是那滿山遍野的夜總會門牌。

凡事都講求門面，更何況是經過多年餐風露宿的先人夜總會。

而說到清明時節，那可是我們一年到頭最重要的時節。有多重要？讓我來做個試算，全盛時期，這兒設有近一萬八千個夜總會，每逢清明時節，平均每個夜總會概估有四位親屬前來追祀，短短三週期間，我們這兒將會湧入大約七、八萬人潮，等於居住總人口數的數十倍。

看慣平時寂靜的村落，這山上萬頭攢動的盛況，著實令人興奮！

「人進得來，貨出得去，芳蘭自然也能發個財」的道理，這兒居民們也清楚明白。

一旦清明時節來臨，地不分東西南北，人不分男女老幼，這邊突然開了家販賣香、燭、紙錢的小鋪；那邊突然多了家飲料、鮮花專賣店；這兒坐了些小鬼，拿著毛筆、油漆等人喚去順字；那兒站了些人拿著鐮刀、鋤頭準備除草。一般民家搖身一變，都成了商家、民工場或停車場。

由於地處臺北市邊陲，從前如果不騎車或開車，不易深入這座桃花源。清明時節面對大批湧入的車陣人龍，「汽機車停車場」自然是當地擁地住戶的生意首選。雖然很多到訪者會先準備好追祀前人的素果鮮花、掃除用品，但也有很多人是到了現場才開始採買，或再加購。所以說，這些短期、快閃的商家、專賣店到底有沒有生意呢？當然是「有哦！」（臺語）

家戶人口數多的居民們，更是從老到少全員出動，分工負責前列所有工作項目，採取「一站式服務」模式（One Stop Service，單一窗口＋全方位解決方案），提供祭祀者毫無後顧之憂的貼心服務。

當然，那群拿著毛筆和油漆的高年級以上小鬼們，自然是高喊著前面那句臺語順口溜：「順字——順字哦！順一個字，今年會大順利哦！」藉著「發揚固有文化繁體字」賺取數十元不等的零用錢；而年紀再稍長的，手裡握著鐮刀、肩上扛著鋤頭，般勤地詢問是否需要協助清理雜草，並依著夜總會的「規模」，賺取數百到上千元不等的收入。

然而，天下武功，無堅不破，唯快不破。由於這些服務都是論件數與規模計酬，因此一切講求速度。只見一個個小大人們跟著祭祀者快速前往目的地，迅速投入、完工後，又再趕緊下山追擊下一個對象，毫不浪費時間。若非平時訓練有素，也不會有這麼充沛的體能與腳程。

大人們忙進忙出自然不在話下，而小學以下的小朋友們卻也是一刻不得閒，每位可全都有「要務」在身。什麼要務？這行動代號就叫「揖墓粿」（臺語發音：印某貴），可能很多現代人都不瞭解其意義，甚至連這詞兒聽都沒聽過。

「揖墓粿」，在早期農業社會，每逢清明時節只要聽到從夜總會傳來的祭祀完成鞭炮聲，許多小朋友就會立即圍過來，等待祭祀者分送祭祀完畢的麵粿或紅龜粿。而隨著時代進步，生活日漸富裕，後來也演變為所有祭祀的雞鴨魚肉皆可分送，特別是小朋友們最喜歡的銅板。

兒時，我們在山頭間四處奔跑「揖墓粿」，像極了馬拉松訓練中的間歇訓練，隨著此起彼落的鞭炮聲起，一趟趟間歇訓練就此展開。然而打著赤腳奔跑簡單、滿山遍野穿梭容易，對小朋友來說，最困難的部分竟是「要選擇哪些夜總會？」面對滿山此起彼落的鞭炮聲，「揖墓粿」時我們永遠不能確定，究竟這夜總會的到訪者會發粿還是零錢？如果發錢的話，會發多還是發少？

我們這群小朋友可不是省油的燈，一般判斷準則有兩項，分別是「夜總會的大小」和「祭祀人數的多寡」。而預防判斷錯誤的保險措施，就是經濟學所說的：「雞蛋，別放在同一個簍子裡。」

我們通常會先自動分成小隊，在不同夜總會等候著，一待燃放鞭炮後，第一個受分發的小朋友，如果確認拿到錢或食物的價值頗高，就會立即打出訊號吆喝距離不遠的同夥們，接著只見小朋友們滿山飛奔、蜂湧而至。

電影《侏儸紀公園》（*Jurassic Park*）裡的臺詞形容得很貼切：「Life will find its way out.」（生命會找到自己的出口。）我和小朋友們通常也會找到我們要去的路，不論是當時，或是在很久很久以後。

CHAPTER 3

世界竟然會因為一個人
而崩塌

時間是輛單程列車，你我在車內四處張望，
沿線而去，所有人、事、物陸續到站……。

還記得剛要成為社會新鮮人的感覺嗎？

回想當時，結束長達十八年的學校生活，準備投入職場。一方面，自己感覺像個眼下有滿滿機會但手上卻一無所有的年輕人；另一方面，心底又不斷湧現像是溫室中的幸福將盡，準備投入洶湧大海的戒慎恐懼。

小公主晴姐二〇〇九年三月出生，二〇一〇年四月小王子玄哥來報到，正好湊成了個「好」字（先生個女兒，再產個兒子，許多人解讀這是世間最「好」的事）。只是，還沒成就「好」的幾個月前，不同利害關係人的不同煩惱，卻可能將一切都變成混沌狀態，那戒慎恐懼的感覺又再襲來。

那天是週一，我必須參與晨會的週一，也是驗孕劑再次出現兩條線的週一。太太來

象總的鹿港龍山寺之旅。

電時我雖然刻意輕輕接起，但手機那頭重重地大喊，卻逼得整間會議室的人非聽到不可：「你完蛋了啦，兩條線！」會議室裡突然哄堂大笑，內行人知道二條線的意義，不懂的人看到大夥笑這麼開心，自然也就跟著笑了。至於我，跟太太通完電話後，電話兩頭加一加，我們臉上一共是六條線；意外總在意料之外，那個週一，整個腦袋塞滿好多線，好多星星。

紙包不住火，岳母知道後，臉色一陣青一陣藍，她萬萬沒想到自己的女兒，產後銷假上班才沒多久，竟又珠胎暗結；擔心之餘，卻也不忘求神拜佛，希望這胎務必要是男的，讓女兒在夫家更有地位。（拜託，這什麼年代了！）

而我的媽媽，則是慌張又遺憾地用臺語抱怨：「要準備懷第二胎前，怎麼都沒說？我這兒有一帖包生男的藥方，都還來不及熬煮！」但說來也算是種專業，我們談「危機管理」，有所謂事前、事中與事後管理，沒想到「懷孕」也適用這套事後管理機制。

媽媽慌歸慌，卻沒失半點分寸，口中急呼：「還來得及，快去龍山寺拜拜！」當下架著我跟太太立刻驅車前往龍山寺拜拜，進行「事後補救」；長輩們一致認為，事後管理措施做得好，還來得及讓註生娘娘把胎兒變成男生。（還是一句：拜託，這什麼年代了！）然而，對照後來我們的確懷了小王子，長輩們心中的ＯＳ大概就是改編那句廣告臺詞：「呼！好險，有龍山。」

──生老病死苦，人來人去的三年

「看著我女兒來了，看著我兒子來了，接著，我媽媽走了……。」

從婚後兩年無法順利受孕的煩惱，到兩個孩子連續兩年報到的困擾，甜蜜的意外與負擔卻也促使人生到達一個頂峰。起初自己實在無法想像為何跟太太會在有避孕的狀態下再度受孕，但兒子出生後七個月，大家得到了一個可能的解答：「我們這兒子，是為了我的媽媽，也是他的阿嬤，專程而來。」

由於過去在從事電子業時期，必須非常頻繁地出差歐、美與中國，即將有孩子的我必須以家庭為重，考量在電子業及廣告行銷產業當中做出抉擇。廣告行銷業中，主要面談對象是初出社會時的老東家；雖說是老東家，但對於一個做過資料庫行銷、電子業、系統整合、數位製作與媒體採買的混種人，前往面談一個要負責全公司數位行銷、製作、媒採甚至傳統廣告的職位，我想後來的老闆Rose和Fish大概也有些猶豫吧？

職場重要貴人兼好友——Rose（中）和Fish（右）。

但他們倆真的很有勇氣，幾個月後他們邀請我接下集團的數位行銷部門事業總監，同時也確定自己正式回到廣告行銷產業。回顧這一切，也許Rose與Fish並不在意他們當初的一個小決定，但我不論在人生或事業上有任何進展，他們絕對是非常重要的推手。

這對寶貝兒女報到的前後兩年絕對是我最忙碌的一段時間；而無庸置疑的，這也是家裡最快樂的一段日子，光看著老早就盼望著抱孫抱女的爸爸媽媽就知道。打從雙星報喜、「好」勢底定後，兩老三天兩頭盡往家裡跑，卸去長輩的威嚴，他們成天就是開心地繞著他們倆小打轉。

也不知是生理的必然，還是生命的悴然，小小家庭的歡樂時光竟如此短暫。就在兒子出生同年的十月，媽媽證實罹癌，並接續進行手術、治療，而即便是此等生死大事，媽媽仍舊一如以往為這個家犧牲奉獻。手術後她走得又急又快，我想她一定是心疼兒子與父親必須日夜兼程照料、身心疲憊，竟然在術後不久就逕自與老天爺達成協議，並於十一月二十五日撒手人寰，決然離我們遠去。

我措手不及！真的措手不及！

十一月二十五日一直以來是妹妹生日，然而竟成了媽媽忌日，讓全家開心不起來卻也低落不下去。沒想到「生、老、病、死、苦」區區數字，竟用我人生最精萃的三年進行演繹，老天更是每每未經同意，恣意給我考驗與試煉。

有人說：「**男人真正成為男人的那天，就是在母親走了之後。**」

身為一家之主的我，一度以為埋首工作會讓我很快重回軌道，一度以為用滿滿的工作填滿時間，時間就會自動快轉；事實上，時間的確快轉了，自己的情緒卻陷入走不出來的無限迴圈中。

生命之重，何其輕？生命之輕，何其重？很多問題，一輩子怕也沒有答案；很多答案，卻永遠來不及提問。媽媽的離開，如果是件令人恐懼的事，當恐懼真正來過之後，剩下的就只是無助與無奈。

夜闌人靜時，常會問自己：「正常了嗎？」因為實在不確定，自己是回到從前的正常，還是持續的反常已成為正常？

就在不久後，我離職了，在那兒的三年不敢說做得很棒，但自己總是儘可能完成任務，也因此跟Rose、Fish及很多同事更是成為好朋友、好兄弟；而也正因如此，我更需要離開，因為在這無限迴圈中我實在沒辦法表現得更好。而且說真的，也沒有任何人有必要因為我的狀況，而給予任何同情、體諒或包容，反倒是我自己，極度想逃避身邊既有的人群，嘗試著換張新臉，重新出發。

其實，我根本不想成為真正的男人。

♫我走在每天必須面對的分岔路，我懷念過去單純美好的小幸福。♫

——她，不再屬於這個時空

若能有一次機會，可以搭上哆啦A夢的時光機，你會想接近的人事時地物是什麼？是參與父母結婚的那一刻，是回到自己呱呱墜地的瞬間，還是每個來不及說「我愛你」的片段？

每當重看電影《鬼壓床了沒》（ステキな金縛り），眼眶總是被劇中幾個片段暈染得溼溼的。

律師事業一直處在低潮中的寶生惠美，總期盼能再見到父親一面，讓自己的人生重回正軌；為了讓冷血檢察官接受幽靈六兵衛擔任證人，寶生律師請六兵衛從陰間找回檢察官已過逝的愛犬，沒想到冷血檢察官竟然真情流露，在大庭廣眾下跟幽靈愛犬擁抱、翻滾……。

如果真有那麼一個時空，我也希望經歷這個片刻，再次擁抱媽媽。

過去每當我感到煩躁異常、壓力沈重，心裡頭總有個聲音、思考上總有個出口，讓自己順利迎向挑戰，我應該還算是個樂觀派吧？但媽媽走了以後，我突然間就遺失了這項能力。

歡樂與悲傷，若像滾水跟冰水一樣能夠調和，那溫度將會更為動人。

還記得某些夜裡常翻來覆去，心中極度憂慮未來的某一天將會遺忘了部分回憶中的她，不時坐到了她的床前，拿著她用過的東西，想著看著摸著聞著，就想能將她永遠留著，有多少是多少。電影《少年Pi的奇幻漂流》（*Life of Pi*）說：「人生就是不斷地放下，但最遺憾的是我們來不及好好告別。（Life is an act of letting go, but what always hurts the most is not taking a moment to say goodbye.）」

那段時間像極了一場我永遠不想參與的試煉。而身為受試者，即使我不想選卻也沒得選，因為呼吸器摘除的瞬間，這場時限不明的灰暗歷險就已經計時開始。而時間走得好快卻又好慢，自己就像電影《腦筋急轉彎》（*Inside Out*）的主角一樣，枯坐在遺忘之谷的懸崖下找不到方向抬起頭，看著時間流啊流、人們走啊走，卻沒有出現那架彩虹掃把火箭車。張著眼，彷彿置身夢境；閉上眼，卻又無比真實；照著鏡子，**我當然**

清楚這根本不是從前的自己，但可怕又可悲的是：我毫不在乎。

有好長好長一段時間，我把自己當成一個「局外人」。

對於一切，你不抱任何希望，但也不會特別絕望。生活中的任何高潮或低潮或許能讓生命略顯波動，但總能回歸平常。極端感性的人卻無法迴避採取絕對理性的武裝，因為唯有不涉入過多的情感，才不會有失去的遺憾；看著這個年紀的大家，正在努力衝刺人生的當下，你這個局外人，卻有意無意跳出長長人龍，好似電影《穿越時空愛上你》（*Kate & Leopold*）內的描述，你試著停下火車，走出去看清時間的全貌；就像靈魂出竅一般，你不只一次地俯視著自己也在其中的每個場景，每一次，你冷冷地看著自己跟他們談啊、吵啊、笑啊、哭啊，感覺熟悉卻又異常陌生，你見人就問自己到底算是個什麼人？其實我也不懂，只覺得不論你是什麼人，就當個局外人，你永遠不會受傷……。

根本也忘了究竟有多少個中午，因為怕自己無聊，於是找了十多年前的自己一起吃飯。記得那時雖然初出社會，但衝勁十足、豪氣萬千，總以為自己有副偉人的骨骼，只是薪水就三萬三，食量雖大，吃個飯卻斤斤計較，餐餐找上留蘭香自助餐，儘可能把預算控制在三十五元上下。

才剛拿到薪水，扣掉一萬一千元的房租（爸爸要求別租套房，要租有客廳的房子，做人格局才會大），迫不及待地拿出每月五千多元預算，為爸媽保了險（只可惜，媽媽的那份保險，十年後卻變成我寧可不要的投資收益），扣掉了交通、生活費等約五千元的開銷，每月總還能存個一萬元上下。

十多年過去，那時的自己，雖然什麼都沒有，但有著一份和爸爸媽媽以及妹妹的牽掛。時至今日，錢或許已不用太過計較，而牽掛少了最重要的那一份，只能說感謝老天還先給了我女兒、兒子等更多的牽掛。

只是，體重遠勝昨天，食量卻不比當年，碗起筷落，竟留了四分之一碗魯肉飯。

電影《名畫的控訴》（*Woman In Gold*）片尾有場離別戲，小女兒為了躲避納粹而伺機逃離家園，啟程前的最後辭別，母親無懼於自己與父親即將大難臨頭，只是暖暖地提醒小女兒：「將回憶放在心裡，要重拾快樂。」

雖然媽媽來不及跟我說，但我想任何一位母親在臨別之際，大概都會這樣安慰自己的兒女。

只是這短短的一句話，真的好難、好難、好難……。

♫毋通等成功欲來接阿母住，阿母啊已經無佇遐，哭出聲無人惜命命。♫

象總媽媽。

——他，被迫從男孩變成男人

四月某天是我的生日。

這些年來，朋友都問我：「幹嘛刻意避著，不過生日？」

其實當媽媽過世後，我就已經不再過生日了，順勢我也就隱藏了Facebook上的生日訊息。一來，生日當天少了個「大腕」，總覺得生日與平日，都在同條無異曲線；再者，這社會上低調過生日的也不止我一個人吧？

生日要重重過或輕輕過都好，沒什麼好不好、孝不孝順的問題，我這麼做，就只是自己的選擇而已。這些年過生日，我幾乎都休假、出國、陪家人或一個人靜靜，Facebook上朋友給予的生日祝福訊息，大都避著沒做回應，絕非無禮，實在是不知道該回些什麼話？

我抽離，是急著尋找生命自在；我存在，是用力逼迫自己坦白；我流淚，是共振於生活感動；我痛快，是試圖讓旁人釋懷。為人處事、舉手投足之間，時而略顯神祕，時而充滿驚奇，但說到底，根本還是一種自我封閉。

但時間走過，我心裡仍是有滿滿的感謝，感謝有人記得、感謝有人祝福、感應有人相伴。辛棄疾在詞裡提問：「而今何事最相宜？」面對這樣的狀況，我的回答自然是：「宜跪宜拜宜謝。」至於生日過後又回到平日，既然無異，我或者倒著看，平日都是生日。乃翁責任日重，就依舊管兒管女管自己吧。

還記得二〇一八年，自己的生日正巧碰上我幫親朋好友舉辦的「跑步回饋日」。雖然我在現場感到非常彆扭，仍由衷感動，感謝許多好友在太太的祕密運作下前來祝福。雖然當時嘴上沒多說什麼，也沒在Facebook上貼些什麼，因為我習慣將珍視的一切存放心底；後來六月某天是太太生日，我沒準備禮物，就是悠悠地結了案、請了假，先是我跟她兩個人走走逛逛，接著是兩個孩子加入後，四個人的吃吃喝喝。

學生時期我們兩人認識得早，因此經歷的風雨自然也不算少，青春的期待、現實的無奈、生命的無常、生活的澎湃，交織出數不清酸甜佐苦澀的精彩。

人生沒得選，和尚得敲鐘，而我們每個人都得打工；但我們能選擇要打得像臨時工，或選擇打成鬼斧神工。這些年，她的努力無數，支持著我們走過風風雨雨，甚至共創了許多美好，在家庭、在事業、在運動與公益，渡人也渡己。

眼下的小樹苗都尚未長成大樹，但無疑地，正朝著天空盡情伸展。

呆坐井底的這段時間無比漫長，面對我這個原本該送往「不正常人類研究中心」患者，多虧有太太及周遭親友們的包容與關心。也因此十分慶幸這趟旅程中，我找到屬於自己的「小彬彬」（Bing Bong，《腦筋急轉彎》角色），最後我不但搭了那架彩虹掃把火箭車，也不留遺憾地告別。

耳邊甚至不時傳來：

「Who's your friend who likes to play?

Bing Bong, Bing Bong.

His rocket makes you yell "Hooray."

Bing Bong, Bing Bong Who's the best in every way.

And wants to sing this song to say Bing Bong, Bing Bong.」

電影《東邪西毒》中說道：「當你不能夠再擁有，你唯一可以做的，就是令自己不要忘記。」關於一切，我還是我，我始終念念不忘，但念念，不是只為了念，更是為了放下。

我想起「鄭愁予」的〈賦別〉：「你笑了笑，我擺一擺手，一條寂寞的路便展向兩頭了……。」

我始終期待、永遠相信，在路的某處、天的那頭，見證時間精彩的創作。

感謝你們，「You make me want to be a better man.」

CHAPTER 4

那個男人，
突然間跑了起來

生活中我們演活了不少角色，可老演不好自己。

回想起高三那年，有條歷史模擬考題：「馬拉松比賽的距離是多少？」以目前跑步的熱門程度，在路邊隨意攔個準備跑警察的攤商，大概都能這樣回答：「四十二啦，哩嘜擱問啊！嘔欲來去走賊頭啦！」（你別再問啦！我要去躲警察了！）

但那年歷史老師所教導的班裡，只有我一個完全精確的回答出「42.195公里」，老師還好奇地特別問我怎麼會知道？**我知馬我驕傲**，套句電影《少林足球》的說法：「身為一名運動愛好者，有些運動知識在身上，也很合邏輯。」

萬萬沒想到，二十多年後，這個「42.195」對我不再只是個數字或名詞，而是一段試煉、一段考驗，更是一個情感釋放的出口。

最初我從不知道，也沒想過透過這項運動達成任何目標。一開始穿起跑鞋，只是想找件事占據時間，讓自己暫時忘卻失去媽媽的傷痛。當時失去生活重心，陷在自己與

二〇一五年勞動節桶后越嶺六十公里（操山馬）。

自我的無窮迴圈裡，對生活失去熱情，未死也非生，卡在什麼都不是的邊境徘徊。

但或許是老天有些看不下去，逕自讓「42.195」介入我的迴圈。從好朋友手上獲得的穿戴式運動裝置，不好好用一下也說不過去；甚至後來，許多認識超過十年以上但過去跟馬拉松八十八竿子打不著的朋友，像是New Balance的Heidi、森林跑站的宜玫、漫畫家阿傑老師、跑快跺腳團源隆、世和、安妮等人，也都因為「42.195」而重新匯聚在一起。

每個人都有自己的跑馬哲學，我的哲學很簡單：「我在，故我跑。」

穿上跑鞋對我而言就像是某種儀式，既像是某種逃避，又像是某種治療的儀式，我跑，沒有什麼特別意義，就是為了逃避不願承認的現實；我跑，並沒有什麼特別動力，就是渴望遁入思緒裡的空白。

然而將時間拉長後，一切彷彿厭食症患者吃下了爆漿瀨尿牛丸，吞嚥之間，意外地讓我拾回了部分熱情。

♫認識你真好知不知道，只有你可以讓我把煩惱忘掉。♫

——這何嘗不是一種領悟，讓你把自己看清楚

記得有人問過我：「除了跑步，你還有嘗試過其他運動嗎？」

「當然囉！我這麼過動，從小我就愛打棒球、網球、籃球，而其中最後才學會的就是游泳了。」我笑著回答。

我是獨子，家人不希望我碰水，所以原本陸上像條龍，水裡卻像隻蟲，是個蛙式游不出十公尺的十足旱鴨子。如果看過我高中被同學陷害參加校內游泳比賽，中後段在泳池裡快走的過程，一切也就沒這麼意外。

面對心理（母親離世）與生理（體重破表）的複雜狀況，我決定在生活中找到一項「倉鼠式」運動來試著化解這個困境。而孩子們也漸漸長大，為了不讓他們成為跟我一樣的旱鴨子，打從二〇一二年六月底起，我決定每天五點晨起練泳，一週五次，同時，為避免懈怠，我直接就在臺科大鐵人師長朋友們的推坑下，報名了二〇一二年九月十六日的「泳渡日月潭」、九月二十二日「宜蘭梅花湖」，以及十月七日「臺東活水湖」的鐵人賽，這些幕後「黑手推手」就是黃世禎、陳正綱老師、林子欽、陳信

宏、譚泉清、許崇德學長等人。當然，一切要從踢蛙腳和打水開始練習。

還記得計畫開始沒多久，有天早晨在青年公園練泳時，同一水道上有位約莫七十多歲的阿婆，特地禮讓我先游，五十公尺結束後在對岸水邊，阿婆面有難色地操著臺語對著我嘟噥著：「少年ㄟ，我看你身材不錯，抓準你很厲害讓你先游，啊你怎麼會游這麼慢啦？」

「別回嘴、別計較，阿婆只是個姿勢算怪、游得算快、舌頭算長，而且一直試圖教我的長輩。」我莫可奈何地說服著自己。

爾後，青年公園好多阿公、阿婆、大哥、大姐們都想來教我游泳，嚇得我只好轉戰臺科大游泳池圖個清靜。晨泳幾次下來，我的樣子還是很普通，但水性總算有點進展。而幾次撂倒「周老先生」從夢中自覺醒來前往自虐的成就感，讓自己驚覺不但很適合早起的老人生活，同時也還蠻愛喝泳池的水，早點到，還沒人就開始游，這時泳池的水最好喝。每次練習時我都會這樣告訴自己：「練習一百次，我是新手；練習一千次，我可能是老手；練習一萬次，我可能就會變成一隻魚。」

天道終究酬勤，二〇一二年九月十六日，我終於完成這輩子從沒想過的事——「泳渡日月潭」。在此之前的三個半月，自己征戰了臺北市各處泳池，練功五十次後，從一次游不到十公尺到一次能游完兩千公尺，雖然就只是帶著魚雷浮標龜速向前，但那種克服恐懼感而產生的成就感，實在難以形容。

練泳時，特別是剛開始的階段，我將過程鉅細靡遺地寫在Facebook上，引發了各種討論。當然，絕大多數都是為我打氣的聲音，說實話，當初我就是既怕死，又怕自己三分鐘熱度，只好藉著社群媒體的公開性與擴散性讓自己沒有退路，因為朋友們會一直問，而沒做到總會覺得沒面子。

只是當時不懂事，以為游過了日月潭三千三百公尺，「宜蘭梅花湖」和「臺東活水湖」的鐵人賽，就都只是「一塊蛋糕」的小事情，但日月潭根本用「漂」的就能過關，而鐵人賽可是真槍實彈咧！

都還來不及多想，一週後在梅花湖舉辦的鐵人賽就已來臨，當天不過才游個兩百多公尺，右小腿就開始唉唉叫，之後左小腿也接著合聲，只好又掛上浮標蛙式主導，偶爾踢下腿、有時漂啊漂，一直等到最後一百公尺才敢再放手泳進。上了岸，大家都在跑，我只能快走前進，旁邊的圍觀群眾大概很想問：「大家攏ㄟ跑，啊哩洗安怎嘸願意跑？」（大家都在跑，你為什麼不願意用跑的？）

「挖洗安怎嘸願意跑，挖雙腳攏抽筋啊，洗馬安怎跑？」（我怎麼不願意跑呢，我雙腳抽筋啊怎麼跑？）如果有人問出聲，我一定會這麼回答。

一路走到轉換區，拿了熱力膏餵飽雙腿，他倆總算停止哭叫，最後也才能順利完成單車與慢跑賽程。最終成績自己沒記錄，但也不必強記，我只求慢慢累積生活中的微小突破，走出自我。

而兩週後在「臺東活水湖」的比賽更是誇張，比賽前的最後工作日晚上仍在加班，悲壯卻帶點淒美。電視上談論著過勞的議題範圍其實得再大一些，這個時代的我們不就老在過勞，不也非得過勞，要嘛在工作中、要嘛在家庭裡、再嘛也得在感情中過勞，甚至在比賽訓練上過勞，不用打自己一巴掌，鍵盤的聲響至少能證明自己還存在。

出發前往臺東後，我發現自己竟然無意識地跟其他同行的黃世禎、林子欽、譚泉清、許崇德等四位游泳悍將一樣，自以為是地把浮標給忘在家裡！「不自量力」只算一句輕描淡寫的形容詞，嚴重的是，我其實把「安心」也給忘在家啦！

二〇一五年二月平菁街賞櫻獨跑。

這一切可怎麼得了？這四位可都是游泳能手，我再怎麼掩飾，也裝不出他們的淡定。比賽前晚只好四處搜尋，直到發現飯店旁的釣魚用品店有賣浮標，立即用六百元找回自己的「安心」。

所謂一分錢一分「穫」，當天比賽開始後，冷眼看著跟我同批下水的餃子們，竟在僅僅十五秒過後，此起彼落地傳出「露餡」的聲音——許多人伸手呼救。自己同感緊張，但更慶幸昨晚斷然買回「安心」，這才讓自己沒有用十五秒就結束當天賽程。游程中，我還讓一顆載浮載沉準備露餡的餃子，共用那價值六百元的「安心」，論斤秤兩之間，人還是該有自知之明。

回程游得愈來愈順，浮標於我如浮影。活水湖很清，看著湖底，有時彷彿看到自己心底，對我這個「奧萊仔」（壞梨子）而言，繼續「假蘋果」的這些路程果然滿是荊棘，水中蛟龍這樣的自我幻想，遠不如置身水中牢寵的描述來得貼切。過勞，有時候竟然像極了自找的，突然間，直接嗆了一大口，偽裝鎮定順了順呼吸，證明自己依然存在。

別問我：「Is it good to drink?」

不然下次你也去臺東活水湖喝喝看囉！

——跑過湖光山色，閃過浮光掠影

回想我的馬拉松之路，剛起步時其實摻雜著些許猶豫與掙扎。大概是平日「過動形象」鮮明，一位好友在我二〇一三年四月生日時，送了我「adidas miCoach」這個慢跑用穿戴式裝置（文後簡稱「My Coach」）。的確，免費的永遠最貴，收下了這個如燙手山芋般的貴重禮物後，我猶豫了近四個月，等到好友們幫我團報的「太魯閣馬拉松」慢慢逼近，才驚覺再不練習恐怕就來不及了！終於在二〇一三同年八月將My Coach隆重開箱，正式展開跑步訓練。

開始練跑後，我多半一人獨練，穿上跑鞋對我而言就是觸發一個催眠指令。我跑，就是為了逃避現實，只要身體情況允許，我巴不得天天找到時間投入跑步，將紛亂思緒段段刷白，無須誘因、更不用動力。那些日子裡，跑步對我而言，反倒是茫茫大海中的一塊浮木。

成功學會游泳的經驗，或許沒能讓我繼續在水中深造，卻給我莫大的鼓舞。馬拉松訓練初期，我自恃是個稍有水準的週末運動員，加上之前順利通過雪山、日月潭、梅花湖、活水湖等種種考驗，自以為是地前往「劍中劍」（劍南路—中社頂—劍南路）參與首次操山馬夜間團練。跑馬的人總是說：「沒有奇蹟，只有累積。」若不曾累積，那就準備當機了！

那晚真是糗爆了，十八公里的劍中劍不但差了一公里沒登上中社頂，回程劍南路上坡更是一度當機重開！還好當時操山馬沒幾個人認識我，摸摸鼻子後立馬落荒而逃，就當一切從未發生過。下次再去，已是半年之後。

只是跑者愛好面子與「犯賤」程度，有時實在令人費解。

我竟然隨後在My Coach設定太魯閣初馬「三小時四十五分完賽」的遠大目標。當時的我，征服太魯閣初馬的決心比奇萊山還要堅定，同時也盼望未來某一天能重回劍中劍，一雪前恥。

爾後依著My Coach心率區間所設計並自動產出的十週課表努力練習，後來回過頭去看，才理解當時到底吃下了什麼課表，當中包括輕鬆跑課表、間歇跑課程、高心率訓練課表、LSD（Long Slow Distance，長距離慢跑）等。不論是夜黑風高或淒風苦雨，就這麼一個人呆呆地跟著My Coach的要求，一步步完成每次的練習。就這樣持續練習了五個月，有天課表規定心率要連續二十五分鐘跑在155～168 BPM之間，我跑了個十一公里均速05'30"，最快的一公里均速04'25"，高興得像個孩子一樣！

當時初馬設定在太魯閣，其實有點太早也太傻。但老天似乎另有其他意圖，賽前太魯閣馬拉松遇到地震，一連串的地搖搖、搖搖地，讓我的初馬變成半馬。但不論過程或結果，這絕對是個美麗的意外。即便如此，老天給的考驗可還是不會少，除了暴雨式的下馬威淋浴體驗，就是搖滾區的落石群威脅，天暗經過時看不清楚不會害怕，但當白天跑過時，跑者們都見證了大自然的威力，不由得肅然起敬，並加足馬力快速通過。

本來這場是自己的初馬，就怕岔了氣亂了體力，而一路上不敢亂開口，但正是同個原因，讓我有更多餘裕飽覽美景。雙腳下的太魯閣，比起車輪下的，更多添幾分壯闊與深邃，說她是世界第一流美景，都還略嫌謙遜。

途中數度遇上速度相近的跑友，心想既然還沒有自己完整的配速與跑法，為避免最後跑太慢，或甚至失速跑不完，當下決定**跟跑或許可恥但有效**，忽略了最親愛的弟弟想要一號的殷殷期盼（路邊廁所排太長），就連路過補給站喝個水或運動飲料，也只

BPM：Beat Per Minute，意思為每分鐘心跳數。一般成人每分鐘心跳大約在六十至八十次之間，隨著規律心肺有氧慢跑訓練後，心肺功能會強化提升，安靜心率逐漸降低（作者安靜心率約在35~38 BPM）。｜**均速：**跑者在特定時間內完成的慢跑距離，以時間除以距離，即為每公里平均需要多少時間完成；一般人步行約為每公里均速十五分鐘左右。

能快去快回，就怕一個閃神跟丟了指標。

大約十六至十九公里處，幾度已跟不上指標，而想停下腳步休息外加補給，猛然腦中迴盪起前一天朋友跟我說過，有一則關於我的負評：「冠翔沒跑過馬拉松，他可能只有爆發力，沒有耐力。」做3C的，最忌諱在「01討論區」看到產品有負評；做男人的，最忌諱被人用「不行」之類的字眼批評，在生命中留下烙印。「如果負評是要我在馬拉松卑躬屈膝，那我就讓你們看見血性男兒的驕傲！」我在心中大喊。

或許是風特別強、雨特別大，我埋著頭看著地上一攤攤的水窪，水窪裡我不但看到了自己，有那麼幾刻，我甚至看穿了水中的自己。再抬起頭時，我已不自主地流下了眼淚，如果淚有花色，當下肯定少不了我灑了近百米的點綴。

咬著牙終於看到最後兩公里的標示，我跟這位領跑員致意了一下，想試著衝衝看，於是用了我僅存的能耐，向終點衝刺！沒想到在太魯閣最後的隧道，心理距離遠勝於實際距離，我已經數度都快撐不住，但人就是這麼好面子，突然間腦海裡又閃過：**剛剛才跟領跑員致意，萬一在路邊又被他撿到，豪情壯志豈不變成了搞笑綜藝？**

二〇一六年大佳摳四輪大隊接力賽。

死要面子的自己只得繼續苦撐，呼吸急了、腳步亂了、腦子昏了。「就是那個光、就是那個光！」氣力放盡之前，遠遠地看到隧道盡頭的光亮，以及後方代表救贖的終點拱門，滿心以為衝過終點線後，一片海闊天空，但實際過線後，天空、眼前盡是一片黑暗，唯一點綴黑暗的，就是許多小星星。人不成人，三魂七魄去了一半，本能地找了塊可以坐的地方，一坐不起，直到肚子大聲喊我起身領便當去。就這樣，結束了痛苦的序曲，緊接著就是最美麗的篇章，隔年二月二十三日的東京馬已晉級成為初馬。練習，是為了跑更長的路，重啟了新一波三個半月練習計畫，我朝著東京馬正式前進。

東京馬前一個半月，我跟志文、子欽、維漢等同班同學，一起參加了一月的二十九公里「日月潭環湖賽」，作為東京馬前的最後長距離賽事練習。原本以為練習了大半年，這場賽事應該可以輕鬆過關，想不到在清晨靜謐的日月潭湖面之下，暗藏無數驚心動魄。

因為跟著領先集團一起出發，第一公里，我以均速04'02"完成，當心率一度飆到175 BPM後，我就決定不跟他們一起瘋。減速後，將心率控制在160 BPM以下，接著是一人一人又一人約莫有三、四十人前仆後繼地超越我，當時跑在我前面的，大約近百人，其中包括一位女生。

我其實不急，因為在前一天場勘後，就知道這種上下坡很多的馬場，充滿許多機會。於是從四點五公里開始上坡後，我的「超車」之旅也正式啟動；爾後，就再沒有人來「刷我卡」，自己開始享受這趟超車望湖的醉心之旅。

超了車，也不是沒代價的，至少會明顯感受許多「車」在身後蠢蠢欲動的引擎呼嘯聲，也因此我竟在這段山路跑出最佳半馬成績：一小時四十分，且這中間還包括進站排放汙水約半分鐘。來到最後四公里，也是整場賽事最殘忍也最致命的重頭戲：連續三公里的大爬坡，靜靜地望著每具瀕臨崩解的引擎。我告訴自己，如果無懼於劍中劍跟風中劍，區區三公里不正是我超車的最佳時機？於是我一路趕過了大約十個人。

到達終點後，我驚訝自己能跑出每公里均速04'39"，心率159 BPM；但更驚訝的是，總排名只有四十四名，而分組甚至只有十八名，距離「凸臺」還是太遠太遠。帶著能力不足的遺憾，我繞著環湖步道慢跑兩、三公里回飯店，繼續望著永遠看不膩的美麗湖景，心裡想著：「無論如何，我盡力了，而真正的東京初馬，就在不遠處。」

凸臺：田徑比賽的金、銀、銅牌，或前三名頒獎臺，由於其遠觀形狀相似於國字「凸」，一般簡稱為「凸臺」。

——結束了，但更像個開始

最初報名東京馬樂透時，我還是個不確定能否完賽的肉腳，當時參考成績唬下了四點五小時，我當下還有些臉紅。而原來是個可以從頭玩到尾的東京馬，卻因為突如其來的地震，讓自己的太魯閣初馬打對折，東京馬一下子就上位成功。

在經歷「My Coach」大半年的「細心指導」後，我在接續的幾次期中考試得到一些重要參考值：

二〇一三年十月二十七日；貓空十公里：五十一分七秒。

二〇一三年十一月二日；太魯閣半馬：一小時四十八分二十七秒。

二〇一四年一月十二日；日月潭二十九公里：二小時十四分五十秒。

場場都能看到進步的軌跡，然後，我又開始狂妄（狂想）了……。

二〇一四年二月二十三日東京初馬，我設定了一個有信心但毫無把握的初馬目標——「三小時二十分」。

二〇一四年東京馬拉松。

為了這個目標，密集訓練可一點都不能馬虎。

二〇一三年的聖誕節當天，雖然休假，卻得八點半就到小朋友幼稚園準備排演聖誕大劇，然後在十點半正式演出。我那年演的，不是人，而是隻「禮物雞」。

結束活動後，立即回家換裝趕赴一點半在臺北大學舉辦的「北大創業論壇」。我是主持人，角色雖沒那麼重要，但也是整整一個下午都離不開會場。晚上雖然得去接小孩，但還是抓了一小時空檔，直奔河濱來個四十二分鐘間歇跑，認真程度可見一斑。

難得出國比賽，太太號召了親朋好友共十一人的國際級應援團，浩浩蕩蕩地與我一同前往東京；而且，為了幫臺灣打打氣，全團希望能身著國旗裝，透過瑞華協助，最後找了一家臺中廠商，集合網路跑友們的需求，最後大大小小共訂製了三十六件國旗裝，一起幫臺灣曝光。

比賽當天，在活動現場可以感受到這果然是世界六大馬拉松！從動員的人數、各接觸點的人員素質、全市民眾的熱情參與，以及獨到的動線規劃，身處其中真的會讓人非常感動！特別是我身上穿著特別訂製、寫了個大大「TAIWAN」的國旗裝，臉上又加碼貼上明顯的國旗紋身貼紙，沿路上熱情為我加油、擊掌的臺灣人與日本人多到簡直都數不清。

象總小朋友幼稚園聖誕話劇家長表演「禮物雞」實況。

也因為「四點五個小時」這個唬爛的數字，我的出發順位被排在前面還有六區的G區（馬拉松比賽一般會依報名者申告成績由A區開始排起，我申告的該成績被主辦單位排在挺後面的G區），常態分配告訴我們，要想追求成績，我可得穿越重重人群。因此，我的一到十公里未達預期，只跑了四十八分（慢了一分鐘）；大約到十五公里處，在「品川」折返後，路較寬了、人也漸少，漸漸能邁開步伐。但問題卻來了，近一個月的練習，當週末兩日跑量超過四十五公里時，右屁屁與大腿交接處如果有抽搐現象，我都會立即停止練習。但現在才十五公里左右，卻已經開始抽搐，這可怎麼得了？當下其實有些無措，只能跑一步算一步。

一定是老天對這場盛會也有些「腳勤」，大約二十五公里時，在淺草附近，老天竟派了「白雪」一同來參與！「異地」、「紛雪」、「人群」，仰起頭那一刻，心中對下雪停跑的憂慮，竟被一種浪漫驅趕得一絲不剩。或許是剛剛的飄雪，我不爭氣地提前在三十二公里左右熱淚盈眶；再者，已經進入了最後十公里，這是平時最常練習的距離，心中很想為自己以及這一路走來的堅持大聲打氣！

一切的順利，到了銀座後卻顯得有些掙扎，最後五公里已經退到均速5'15"左右，我只能緊跟著前方一位頭頂發亮的大叔，無法加速。這時候，竟然在臺場街頭，遇到正好在日本度假的四姨丈與四姨媽！他們的呼喊、加油與留影，追加了一些繼續向前的動力，緊接著我就得面對三座橋的上坡考驗。

最後三公里，我已跟不上「發亮大叔」。好巧不巧，當天心率帶不知怎麼一直在往下滑，也忘了何時開始，我已放棄調整它，就讓心率帶專心變成束腹帶，幫著束住最後一口氣。而我就憑著感覺跑，當然，此刻更是只能跟著感覺走了。

還好，我仍握有最後王牌，我跟此行「十一人國際級加油團」在賽前做了個約定，起跑後大約三小時二十分左右我會到達終點，務必在該時間前往終點區等候，以免錯過進場。而他們還有下一個行程，衝著這個理由，我怎麼能讓一群老小在寒風中久候。

但很明顯可以看得出初馬的自己，無懼與無知往往只在一線之隔！

一路上尋尋覓覓，終於盼到「最後一百九十五公尺」，換了高速檔準備開始衝刺時，突然聽到加油席上喊著「臺灣，加油！」「王冠翔，加油！」中間還夾雜著「中

二〇一五年挑戰北橫（圖片來源：小簡）。

華民國」（聽說是寶貝女兒堅持要喊的），抬頭一看，果然是太太、陳玫琪、翁淑萍所領軍的加油團正大聲呼喊著！大受感動之餘，已顧不得零件老舊與過熱問題，只顧再把檔次拉高，狂奔進站！

終點衝線前有很多臺攝影機與相機，希望沒人拍到我臉部不斷抽動，而且嘴上不停喃喃自語的奇特表情。

我在高舉右手振臂進站後，仿效著一位日本跑者，回過身去，向賽道鞠了個躬，而老天實在是給足我面子，並沒有讓我的無懼當場變成無知，同時謝謝許多在場與不在場的加油打氣！我沒撞牆，心率也在控制之內，一路上除了上廁所停下腳步外，都在跑動；而賽後的「高裝檢」，除了走起路來有月球漫步現象、蛋蛋的擦傷，以及因為太冷而導致的手指稍麻之外，其他一切正常。

整個過程就像場夢，二〇一四年二月二十三日，我終於有了第一個署名「王冠翔」的全馬成績：三小時二十分五十四秒！

馬拉松之神，在這八個月的作夢旅程中，教了我恆心、毅力與謙卑。當下的我還不清楚，東京馬雖然到站了、結束了，但卻不是終點，而是我世界六大馬拉松旅程的起點。

♫已經習慣有你，已經不能將你擺脫。♫

高裝檢：全名是「高級裝備檢查」，中華民國軍隊會定期進行該檢查，由上級單位至部隊檢查所有裝備，裝備小至個人裝備如鋼盔、S腰帶等，大至軍車、火砲等。

CHAPTER 5

原來死命追過困境
就叫「逆轉勝」

世上唯一得征服的戰場，是心中那座競技場！

東京馬結束後，整個人彷彿突破了什麼，但卻又好像又陷入了什麼；訓練成果好似達到了高點，但壞心情卻也悄悄高漲到極點。「感性我」屢屢妄想做下直覺式決定，卻粗魯地被另一個「理性我」機械式阻斷。Daniel Kahneman書中所描述的「系統一」與「系統二」，總在我生活中相互駁火不斷！

幸好，跟往常一樣，我的大腦裡不知道是有著電影《刺客聯盟》（*Wanted*）中的「療癒池」，抑或是有具《命運好好玩》（*Click*）裡的「人生搖控器」，未能境轉，只可能是心轉或快轉。總之，常常跑一跑後就獲得好轉。

索性就不多想也不多說，持續呆呆按表操課，期待朝著下一階段挑戰。只記得後來的訓練狀況不甚穩定，試著探清箇中曲折卻什麼也說不上來。一直到某個晚上，原訂是層級二「漸速跑」練習（如下表），當漸速起算第一公里可以輕易從4'50"就位時，我當下打定主意改成層級一練習，共計十一點零一公里，一共跑了五十二分五十秒，均速為04'48"，平均心率144 BPM；前後慢跑不計，每公里均速分別是05'39" / 05'39" / 04'50" / 04'43" / 04'30" / 04'28" / 04'07" / 04'09" / 03'56" / 03'51"。然而過程早在預料之內，隨著速度強化，身體的痛苦也不斷增加，但自己彷彿沒得選也不想選，就是希望讓自己處在磨難之中。腳步愈來愈重、呼吸愈來愈急、腦袋愈來愈緊繃，唯有心性愈來愈清醒，次次皆然。

跑完後，Garmin 620（運動型穿戴裝置）的VO_2 Max值回到57，接近東京馬最佳狀況。但其實東京馬後幾個月，在跑馬的路上我陷入一種極端無力的低潮（VO_2 Max甚至掉回去年底的51），一度我突然又忘了跑馬的快樂，更忘了東京初馬三小時二十分是怎麼跑出來的。

♫只是越看見海闊天空，越遺憾沒有你分享我的感動。♫

你問：「這低潮所為何來？」

「那很重要嗎？」我答。

VO_2 Max：指我們身體每分鐘能消耗、利用的最大氧氣量，可譯為「最大攝氧量；Maximal Oxygen Uptake」。「V」指Volume，「O_2」是氧氣，而「Max」是最大值，VO_2 Max的單位常以每分鐘每公斤體重消耗幾毫升氧氣表示。

媽媽的驟逝，致使後來的生活走調及跑道轉換。三年多過去了，不論自己高低如何、正常與否，都得開始認真思考下一步。轉過身再看人生，或許來來去去的一切都是考驗，過程是痛苦的，卻也是甜美的。高高低低之間，反而蓄積出前進下個山頂的動力。當鳴槍起跑後，迎面而來的種種，自當是肩上擔了些空氣，或走或停之際，也不負心中仍存的一縷豪氣。

洗把臉，我看著鏡子裡的自己，雖然不是某個塵世中的迷途小書僮，也不是玉樹臨風的整人專家，但真高興我還是那個我，好惡分明、始終如一。我想，我可得繼續大步向前行囉！

♫喔～蝦咪攏不驚！喔～向前走！♫

層級	5公里成績	2公里	3公里	4公里	5公里	6公里	7公里	8公里	9公里	10公里	2公里
零	20'00" 以下	輕鬆跑	4'30"	4'30"	4'15"	4'15"	4'00"	4'00"	3'45"	3'45"	輕鬆跑
一	20'00"~21:15"	輕鬆跑	4'45"	4'45"	4'30"	4'30"	4'15"	4'15"	4'00"	4'00"	輕鬆跑
二	21'15"~22'30"	輕鬆跑	5'00"	5'00"	4'45"	4'45"	4'30"	4'30"	4'15"	4'15"	輕鬆跑
三	22'30"~23'45"	輕鬆跑	5'15"	5'15"	5'00"	5'00"	4'45"	4'45"	4'30"	4'30"	輕鬆跑
四	23'45"~25'00"	輕鬆跑	5'30"	5'30"	5'15"	5'15"	5'00"	5'00"	4'45"	4'45"	輕鬆跑
五	25'00"~26'15"	輕鬆跑	5'45"	5'45"	5'30"	5'30"	5'15"	5'15"	5'00"	5'00"	輕鬆跑
六	26'15"~27'30"	輕鬆跑	6'00"	6'00"	5'45"	5'45"	5'30"	5'30"	5'15"	5'15"	輕鬆跑
七	27'30"~28'45"	輕鬆跑	6'15"	6'15"	6'00"	6'00"	5'45"	5'45"	5'30"	5'30"	輕鬆跑
八	28'45"~30'00"	輕鬆跑	6'30"	6'30"	6'15"	6'15"	6'00"	6'00"	5'45"	5'45"	輕鬆跑

馬拉松漸速跑訓練強度對照表。（參考來源：高志明）

——試著從生命缺憾中認識自己

二〇一四年七月開始，我參考「配速之神」高志明大哥提出的「漸速跑」與「間歇跑」菜單，以調整出自己的版本，短距離賽事因此有了明顯的進步。八月的「光耀扶輪」賽事雖是總排行第八名，但因為參加人數不過1,553人，恐怕不值得說嘴；九月為了試試身手，參加了「精工盃」賽事，這場總人數有6,658人，男子組也有4,564人，竟還能拿到總排名，就讓人有些振奮了。

特別是「精工盃」，當日身心狀況不若「光耀扶輪」，然而充分的練習果然不會背叛自己。回程的八至九公里其實已瀕臨放棄邊緣，腦子更曾閃過，不如就放慢速度到舒舒服服的四分半，自己實際跑的過程雖然沒有慢到這種程度，但種什麼因結什麼果，當有這樣的念頭產生時，身體也就隨著開始掉速，於是這段路程大約被六位跑友超車。就這麼跌跌撞撞地撐到接近十公里多，忽然回想起這兩個多月所做過無數次的層級一漸速跑（層級一全部八公里當中的最後兩公里，就是要求降速到四分速內），於是霸道地跟自己打了個商量，何不就把眼下的最後兩公里，當作平日漸速練習的最

臺科大EMBA接力賽啦啦隊。

後兩公里？心之所至，腳下竟然輕快了起來，最後一公里內又重新抓回四位跑友，直到終點。

東京初馬結束後，期待讓自己更進步而查了許多資料，也因此更進一步認識了世界六大馬拉松，特別是全世界歷史最悠久的波士頓馬拉松。

波士頓馬拉松不是專屬菁英跑者參加的賽事，而是給努力精進的業餘跑者參加的菁英賽事。而為了順利取得二〇一六年第一百二十屆波士頓馬拉松的參賽資格（Qualify for the Boston Marathon），我計劃透過二〇一四年十二月的臺北富邦馬拉松、二〇一五年二月的臺北渣打馬拉松，或三月的新北市萬金石馬拉松這三場賽事的成績，擇優申請。

這段期間，即使經歷許多情緒上的高低起伏，但回過神來我又更積極投入。畢竟年紀就算沒一大把，也至少一小把了，隱隱約約能從關於自己的Big Data，看到缺什麼、愛什麼、要什麼、貪什麼。缺的，外人不見得知道；愛的，可能永遠無藥；要的，不一定能得到；貪的，常常讓自己摔跤。時間讓人懂了很多，不懂的卻也愈來愈多。夜闌人靜時常常加了對耳塞，輕輕地感應自己的呼吸、律動與心跳，全為了讓過去的

臺科大EMBA接力賽加油團。

自己提醒自己，任何事都必須勿忘初衷，回過身，面對任何困難的選擇時，就得在眾多選擇中，選上某些讓自己很不舒服的種種，而凡此種種，通常都是正確而必然的選擇。

通常心存懷疑的時候，我所關注的焦點絕對先回到「自己」。靜下心來繼續認識自己，理解自己的生理、心理、家庭、經濟、工作、生活等各個面向，然後設定循序漸進的馬拉松目標，並調整出一套專屬於自己的訓練與進步方式。相較於過去我常常懷疑自己，而這幾個月的進步讓我漸漸認識自己、理解自己，相信自己真的能跑。

一場人人皆是贏家的接力賽

全國EMBA校園馬拉松接力賽，顧名思義就是由全國各校EMBA匯聚交流的馬拉松接力賽。第一及第二屆皆是由臺大主辦，並由臺大拿下冠軍；二〇一四年起第三、四屆賽事是由政治大學主辦，共有二十五所學校參與，其規模盛況空前。「臺灣科技大學鐵人社團」希望能藉此推廣馬拉松，因此決定首度組隊參與，由於我曾於二〇〇九年就讀九十八級EMBA，因緣際會與社團互動緊密，自然而然也成為參賽候選人，並從二〇一四年參與到二〇一六年，總共三屆。

這賽事分為全馬組、半馬組、公益或歡樂組，而其中全馬組往往為兵家必爭的榮耀，參賽每校都必須派出十人，每一棒約跑四點二公里。政大舉辦的第三、四屆賽事路線雖略有不同，但整體而言就是由政大操場出發，到河堤折返，往上跑環山路上坡，折返後再回到操場。而第三、四屆與其他屆最不同之處，就是當中第三、六、九棒必須由女生參賽。我們的總教練當然是由超馬國手高志明擔任，賽前三到四個月我們用漸速跑開始，以強化選手的短距離能力；賽前兩個月，開始透過五公里測驗選

超馬：超過標準馬拉松42.195公里距離的跑步比賽，稱為「超馬」。

拔選手；到了賽前一個月，我們每週會到政大校園，依據大會公布的路線進行模擬練習，熟悉賽道、練習配速，並適應上下坡跑法。實地練習時，總教練永遠在強調「這些坡都還不算是坡」，政大的賽道距離雖短，起伏處其實不少。

第三、四屆這兩屆賽事都在學長們於槍響之際，一馬當先衝出後激情開展！如同一般故事都有的起承轉合，各校的腳本裡，每一棒都有各自的角色與使命。除了「破自己ＰＢ（Personal Best）」這個眾人一致的基本橋段之外，整個過程中最常脫稿演出的就是領先、落後、超前，或者因為學長姐們太過盡力，而造成力竭近乎暈倒等種種狀況。回顧臺科大鐵人社團組隊，二〇一四至二〇一六年這三屆的棒次如下：

二〇一四年第三屆的選手名單為黃明順、陳明安、高瑞華、蔡豐名、蔡建發、林秀慧、李信義、高志明、章友萱、王冠翔。

二〇一五年第四屆的選手名單為江明遠、黃明順、許麗芬、蔡豐名、陳明安、林秀慧、游永慶、高志明、章友萱、王冠翔。

二〇一六年第六屆的選手名單為江明遠、黃明順、林秀慧、湯睿瑩、陳明安、章友萱、蔡豐名、高志明、游永慶、王冠翔。

每回都被排在第十棒的我，毫無選擇只能先一一看在眼裡，除了提心吊膽之外，最痛苦的寧靜莫過於近三小時的漫長等待。第八棒是我們最信賴的總教練，無論前面戰況如何，我們都深信從這棒起，情況會有些不一樣，而一切的不一樣都會在交棒給第九棒的女選手後，故事開始產生戲劇性的變化，炎熱的天氣與血脈賁張的戰況，讓各隊都像在洗三溫暖一般，排名調換不說，身體更是狀況百出。以我來說，接過第九棒章友萱學姐的接力帶後，自然是奮力邁開步伐，但才剛出人聲鼎沸的田徑場，常常就感到腿有點軟，而且又會想起每次跑馬都會問自己的問題：**「自己幹嘛沒事找事做，跑來比賽？」**

只是背負著學校以及這麼多人的期待，這念頭想必是停留不下一秒，更多時候，我只能試著搜尋前面那位領先隊的第十棒，以他的相對位置來努力追趕。印象中在河濱大約第一公里處我都能看到友隊選手，顧不得彼此間的差距究竟多遠，自己能做的就是盡力跑好腳下的每一步。

第二公里通常是我試著降速的區段，一來是要適度調整呼吸和心率，二來也讓自己多一分餘裕面對接下來的後山上坡；而第三公里絕對是意志力大考驗，雖然不算是個難坡，但只剩兩公里，能夠超前的機會自此愈來愈少，自己能做的，肯定是加速衝上坡，儘可能縮短彼此距離。大約在接近最高點處，看到了領先隊第十棒回程，這時距離已不遠，顧不得心率的飆升，我只想快點追上可敬的對手。

準備下坡之前，我清楚記得旁邊的工作人員，交談間提到：「怎麼差得這麼近？結果還不一定。」

「是的，結果還不一定！」

雖然我沒有十足把握一定能率先衝線，但賽程不過只剩一個下坡，就準備進入政大運動場。回想這兩年賽前包括團練與帶跑，我自己實地練習的次數十根手指都數不完，若再加上多次劍南路模擬訓練，充分練習絕對是堅實的靠山。

當時就是持續提醒自己重心壓低、身體前傾、步伐邁開、全速前進。每年賽事都有太多人有昏倒、跌倒等狀況，過程得不時提醒自己，步伐得踩穩、心率得注意，不論有沒追上對手，過終點站後一切才算數。

連兩年的劇情就像是用同個模子刻出來一般，最後一公里早已顧不得看錶，因為自

（上）全國EMBA接力賽於中山大學。（下）二〇一四年全國牙醫師漱口盃頒獎。

己就差沒直接用滾的下山！只記得眾學長姐們放聲大喊：「就在前面、就在前面！加油、加油！」最後那一段路，讓很多學長姐都見證了我們獲得領先的那一幕。

「殺聲震天」或許可以比擬當時的激情與熱情，身為跑者的我只能假設友校學長還保留最後衝刺的動力，沒得選我只能繼續往前衝！身處運動場那一刻，大會主持人不斷用麥克風大聲播送臺科大準備衝線，哪怕大會音量再大，都敵不過滿場學長姐們守在操場，追著我並齊聲高喊著：「TIGER, TIGER, TIGER!」

最後的衝刺，志明學長還不忘大聲提醒：「不要停！繼續衝！」

其實，我當然得衝，太座帶著孩子們來加油時，早已撂下狠話：「孩子是來看偶像的。」接著，就是心率飆升到180 BPM以上，並抵達終點。

這不只是個令我自己感動的故事，更是令在場者都情緒沸騰的馬拉松故事！打從臺科大黃世禎老師組隊開始，這就不再是個人而是整個團隊的故事。從最初的素人團練，到大夥私下的練習與付出，都能得到證明；而所有學校都一樣全力付出與投入，因此整個ＥＭＢＡ接力賽的輸贏根本不重要，過程中不論是全馬、半馬，或是公益或歡樂組的參賽者、勇猛強大的啦啦隊、攝影師，與眾多工作人員，**人人都是堅持到底的贏家，人人都用自己的方式定義了自己與團隊的故事**。

你會覺得可惜的，通常並不可惜

如果說馬拉松改變我的人生，那麼，連續參加三屆的全國ＥＭＢＡ接力賽，絕對是當中重要的轉捩點。這三屆接力賽，有著滿滿的感動與回憶，勝敗對我們而言並非最重要的。當時間走過，我只會記得跟戰友、可敬的對手們全力拚戰時的激情與痛快。

二〇一五年二月臺北渣打馬拉松，是我準備拿來挑戰ＢＱ的一場重要戰役。當天比賽過後，有好多人當面或發訊息跟我說：「真的好可惜哦！」因為這場全馬，我的晶片時間差十三秒、大會時間差十五秒就可以「破三」（在三小時內完成全馬）。然而，這真的很可惜嗎？

若這件事早幾年發生，我肯定會大嘆可惜！在午夜夢迴時驚醒，不只情緒暴躁、敲打自己腦袋，恐怕還會歇斯底里嘶吼著，為何沒能力拚到破三？

不過回想十八個月前，剛開始跑馬時，三小時大關對我而言，不僅望之彌高，更有著極為令人興奮的象徵意義，在累積三千兩百公里的訓練後，我離這個關卡更靠近了。但等到自己真正靠近了，卻少了些許狂喜，反而是有種淡淡的踏實感。

回憶學生時期，常會說：「好可惜哦！如果那題這樣寫，分數就會比較高了。」工作中，也常會說：「好可惜哦！如果當時決定往那邊走，現在應該會如何如何。」感情上，可能會說：「好可惜哦！如果我勇於做決定，現在或許可以少奮鬥個幾十年。」然而隨著年紀漸長，「時間」跟「馬拉松之神」慢慢教會我懂得一個道理：「沒什麼好可惜的，**當下感受到的可惜，永遠只是現有能力與期望目標尚未匹配的證據**。眼下任何成果，只不過是在提醒你，再三確認是否已擁有匹配該目標的準備與能力。」

這場渣打馬因為出發時漏按了手錶，一直到接近八百公尺左右才啟動計時。如果自己出發時稍微注意到沒按到計時，最後也許會知道我還有破三的機會，或許自己早點啟動最後衝刺階段的力拚，就有機會能夠稍微破三個幾秒。只是，我想問的是，那又如何？我心裡很清楚，馬拉松對我的意義何在。起初由於諸多原因讓我與馬拉松相遇，接續也才找到最佳機會，在緊閉的心門撬出一道裂縫，並讓陽光再次透進心裡。這段時間以來，在沉重而複雜的心境間，我可以什麼都不去想，就是不斷透過最純粹的跑動，用心跳、呼吸、汗水與腳步和自己對話，釋放那些壓抑的情緒與傷痛。在一段一段距離的累積之後，心似乎也變得更輕盈。

心躁的時候需要去跑，因為它可以帶給我平靜；心靜的時候更要去跑，因為它可以帶給我感動。我腳下的每一步，會毫無保留地將酸甜苦痛都傳達給自己，不論痛苦或歡愉，都是心情的寫照與付出。

電影《金盞花大酒店》（*The Best Exotic Marigold Hotel*）裡，主角有句有趣的對白：「最終一切都會有好結果，如果現在不好，代表還沒到最後。（Everything will be all right in the end. And if it is not all right, then it is not yet the end.）」

而我和馬拉松的交往亦如是，妄念很苦、沉澱很苦；鍛鍊很苦、歷程很苦；身體很苦、心靈很苦，但我永遠相信最終的一切都會變得美好，而如果當下身陷困境，不夠美好，那表示我還得努力不懈，繼續朝著終點奔跑。

回頭說說二〇一六年第一百二十屆波士頓馬拉松的申請資格，四十至四十四歲組的門檻是三小時十五分，我後來正是以差十五秒破三的臺北渣打馬進行申請，後來也順利入選。那麼，回到一開始的問題：「差十五秒破三真的可惜嗎？」

我想，當我們設定好長期目標後，破三與否就只是個必然過程和相對數字。若真要談可惜，我想談的「可惜」二字應該展開為「可被珍惜」；可被珍惜的是，我已偷偷學會：「**不該屬於自己的、還沒能力緊握的，一點也不可惜。**」

不可惜而且非常確定的是，屬於我的馬拉松間奏曲，還熱烘烘的未完待續。

紀念已逝永遠的戰友——信宏學長。

CHAPTER 6

那些弄不死自己的，
弄通了自己

拉你上臺的人、推你下臺的人，都是貴人！

從小除了「過動」這個特質與我匹配之外，就屬「聰明機靈」最適合描述自己。勤奮努力的國中時期，師長們因為我的「聰明機靈」，給我起了個「王建中」的綽號，不說也明白，就是認定我「下一站建中」。

然而放榜後，五專成績維持高水準，但高中成績卻嚴重「失速」。從小父母親的教育總是告誡我「萬般皆下品，唯有讀書高」，可是我卻也不怎麼爭氣，雖然總被認定是第一志願的熱門人選，但熱門跟進門是兩回事，結局總是讓爸媽失望。而一度我也對自己感到失望，為何熱門離名門就只是數步之遙，或許自己根本就是個練習型選手。

從此之後的求學歷程，我總是沒有太多歸屬感，滿心認為自己委身其處，認定「天道未必酬勤」。所以面對求學或參與活動，總是認為過程不用太過努力，只要適時善

二〇一九年臺灣數位媒體應用暨行銷協會理監事當選人。

用自己的「聰明機靈」就好，於是習慣性對一切有所保留。但與其說是要讓自己看來頗為瀟灑與寫意，倒不如說其實是自己內心極度害怕，害怕全心付出之後，又會像高中聯考一般，回報不如預期。

還記得某些夜晚，看見桌旁情境，時常回憶起過往。回憶起大學時結束一段三年的感情，不但搞得自己半人半鬼，還自以為世界到了末日。課堂上，馬寶蓮老師在期中作業評語寫下：「老師老了，只能澆你盆冷水：『時間會沖淡一切。』」

時間真的會沖淡一切嗎？

想起小學時常玩在一起，但過世已久的表哥；想起同住三年外加被體罰三年的國中好兄弟們；想起放逐自我，翹課成癮的高中三年；想起研究所行銷管理課堂上的廖淑伶老師，曾在作業「評分」給了我A+，卻在封面上的「評論」犀利地寫下深深影響自己的當頭棒喝：「絕頂聰明，但切記尊重他人，不要輕忽世事！」

廖老師的重擊，讓我回想起那個有點模糊又有點熟悉的自己，如果非要描述當下的感覺，我大概會仰起頭，看著天空輕輕說聲：「大師兄回來了。」

是吧！時間的確會沖淡一切，但是卻沖不走一切。

——想當英雄，就別輕易放過自己

芳蘭聚落的親戚們大多住得很近，當我還是個小小孩，就常跟著大些歲數的表姊、表哥們進進出出，追逐著當時還不完全屬於自己年紀的流行。而我記性又好，因此幼稚園及小學時流行的西洋音樂或港劇，就此常駐腦海，像是余光《閃亮的節奏》節目絕對是當年必賞，許多當時介紹的音樂，更是我之後的生命歷程裡，相當重要的陪伴。自己最愛看香港無線衛視金庸系列港劇，當看到《倚天屠龍記》，我就認為自己一定會救了白猿、取得祕笈；看到《笑傲江湖》，我就直覺自己早晚會碰上風清揚風老前輩；看到《鹿鼎記》，就會想像自己未來將會擔任很多重要又衝突的角色。總覺得我的現實人生，必定會在未來某個機緣碰上奇遇，轉而變身成為英雄。

然而港劇畢竟只是港劇，當時間走過，卻什麼也沒有發生。

港劇頂多只有數十集，絕世武功的修煉必須仰賴快轉或跳著看；但現實生活必須要練的絕世武功無法快轉，想要成為英雄，多半得靠我們重複累積基本功。

研究所畢業後，我帶著老師的當頭棒喝準備投入職場，當時毅然決然要帶著統計背景投入廣告行銷這個領域。原因很簡單：「絕大多數產業都需要行銷」，投入這個領域，讓我能夠一次看盡各行各業的精彩。

菜鳥那一年的三個工作機會中，我最後選擇進入全球前五大行銷傳播集團外商在臺分公司，希望有機會接觸、瞭解各種產業，也因此天從人願，第二份工作開始有機會跳進完全不同的業態：電子業與資訊系統業。

在廣告行銷產業的任職期間，我接觸的面向非常多元而有別於一般行銷人，舉凡數據資料庫、廣告媒體企劃、數位行銷等各種行銷層面，都是我的工作領域。而由於有統計、行銷與資訊管理學習背景，我的職涯發展自然朝向數據管理與行銷前進。

二〇一〇年進入臺灣最大的外商行銷傳播集團，並在二〇一三年底協助在臺灣創立負責數據與程序化行銷的新公司，新公司主要營運消費者數據中心（Data Management Platform），提供消費者深度分析，直接使用Facebook、Google、Yahoo及Line等系統後臺，為客戶擬定程序化廣告優化策略與成效分析，自營數位廣告平臺，串聯臺灣上百家數位媒體，提供優質廣告版位，並進一步運用ＡＩ智能工具，進行數位行銷自動優化工程。

這個「新生兒」由Ann、Anna、Freda催生，並由我和Phantom兩個人起家貼身照護，Suzanne提供協助，一步一腳印。幾年後我親自面談過超過三百位面試者，並任用過約六十位員工，我的第一個總經理職稱就從這兒開始。

早先我們很清楚，經由數位化驅動產業變革，數據將可以被追蹤，績效可以被管控，當數據成為顯學後，多數品牌將更在乎網站流量能否被轉換為訂單，而這是無庸置疑的趨勢。

這個「新生兒」還在襁褓的前半年，每天早進晚退，一天五到六個會議算是常態，不但得分別對內、外說明什麼是「程序化行銷」（Programmatic Marketing），常常又得跟國外總部及國外廠商開電話會議。如果不是在公司加班，就是在回家加班的路上。

然而上述這趟冒險犯難之旅對我而言卻並非最苦，反而讓我想起二〇〇二年從廣告行銷業離開，前往新竹擔任電子業PM的經歷，工作需求條件很簡單：「具溝通能力＋能講英文為佳」，但實際做起來可一點也不簡單。

上工才一、兩個月，就上陣接了我第一個專案：「西門子OEM（委託代工）案」，面對客戶端，窗口是位電機與電子工程背景的德國人Manfred；面對內部，我得

程序化行銷：為行銷與程式語言的結合，以消費者數據為基礎，透過系統與平臺的操作，在對的時間提供對的文字、圖片或影音等訊息給予對的消費者進行閱聽。

二〇一九年MediaTech。

面對一群電子、機構、韌體、軟體、工程、品管及生產的專家們，這時候「具溝通能力＋能講英文為佳」，顯得有點搞笑。

為求順利產下這孩子，執行專案期間，每週一到兩次的定期電話會議（con-call），需要由我跟Manfred主導每週工作例行會議（WIP，Work in Progress），而其實這階段的心路歷程，感覺猶如「自殺者的果報」：我重複在地獄中定時依照自己的死法，死過一次又一次。

我不是這麼輕易放過自己的人。

那段期間，自己開展了一段早出「早」歸（無數次睡在公司以及模具廠商），而且飲食與作息極度不正常的日子。就算假日，我也沒忘了偷偷自我進修，買了一堆可以跟上頭那些專家們稍微講上幾句話的天書（電子、機構、韌體等主題）死命硬K，像不像三分樣。緊抓例行開會前的所有空檔，個別私訪幾位不同領域的內部專家們，除了尋求「無知與衝突」的共識，更是要避免自己在公堂之上亂講大話。一次又一次，看似信手拈來地順利擺平內部與外部的專家，外人其實不知，**我必須極度努力，才得以讓大家看起來好像毫不費力。**

也忘了究竟多久以後，我手上的專案移到中國工廠並順利量產，如釋重負的自己因為感到身體不適而前往例行健檢，發現胃腸早已有多處嚴重潰瘍。確診後除了得定期服藥之外，外加整整三年，嚴禁食用可樂、茶、辛辣等刺激性食物的煎熬。這經歷可真不是蓋的，自己雖然還算年輕，但後來對於三餐、壓力與健康更為注意，更重要的是，從此以後再也沒有任務讓我感覺比那個專案更痛苦了（握拳）。

那段在新竹痛苦、磨難的時光，幸好還有個特別的紓壓方式——「假日棒球員」。從小我就是個棒球人，而我們愛棒球的人，會覺得棒球有種魔力，它不像籃球、排球，因為有更多時候你在等待、醞釀，然後全力釋放；它不像網球、高爾夫球，因為很多時候，它需要團隊的合作與戰略戰術；它更不像桌球、撞球，總是將你的目光與想像空間，鎖在冷氣房的一張長桌上。

棒球這項運動帶給臺灣許多感動與歡樂，國際地位特別如我們，這份感動與歡樂可能是其他國家無法體會的。小小的臺灣窮盡金錢與關係卻掙不到絲毫的國際空間，卻僅僅需要區區幾位棒球員在球場上盡力奔馳與全力揮擊，即可能取得世界的尊敬，哪怕只是那一時半刻的感動與歡樂，對熱愛國家與棒球的人們而言，都是無比的動力。

當時我跟抓靶、Ricky、百潭、李鵬等幾個高中同學，以及我的同事朋友們包括正豐、正龍、銘健、偉志、佳靈、Johnny、小鄭以及球隊經理Tracy等組了支棒球隊，參加乙組「板橋棒球聯盟聯賽」。大家對棒球的熱愛，從以下幾個例證就能得知，且完全無需懷疑：

1. 每週末早上六點半約在河濱球場練習或比賽。
2. 為避免沒有場地，有人輪流會在大清早就先去佔球場，最早佔場時間記錄是凌晨三點半，一般而言是大約在五點左右。
3. 本隊在臺北活動，但隊上卻有三位球員（包括我）必須從新竹過來，另有三位分別得從桃園、基隆以及林口前來。
4. 甚至有位隊友因為打球受傷，而跑去動了棒球Tommy John手術。

戰績好壞我們不在乎！跟這些戰友們一起打球，我完全樂在其中，不但化解工作上的高壓，每個週末的比賽或練習都成為自己當週工作的重要誘因，以及下週工作的最佳動力。

身為一個多方認證的「過動兒」，運動果真是我的最佳助手。

Tommy John 手術：真正學名為「手肘尺骨附屬韌帶重建手術」（Ulnar Collateral Ligament Reconstruction），是一種將身上其他部位韌帶（通常為病人的前臂、大腿後方、腳部）移植到手肘尺屬破損韌帶的手術，又稱為韌帶重建手術。因美國大聯盟投手Tommy John為接受此項手術第一人而得名，也使執刀醫師Frank Jobe聲名大噪。

——面對現實，轉角愛上「離群值」

大學第一堂系主任阿宗的統計學，包括我在內全班有三分之二被當的劇烈嘔吐感彷彿還在喉頭作祟。但近幾年來，偶爾翻出書架上的課本，看著卜瓦松、卡方、無母數等過去最熟悉的陌生人，眼中竟轉著老朋友久別重逢才有的淚水，那不是洋蔥，洋蔥不會讓我發自內心感受這種美。

什麼是「Outlier」？中文是「離群值」、「異常值」，而概念上就是遠離主群體分布，數值差異較大的值。拿跳水比賽來說，不論是五人制或七人制評分，都需將最高跟最低給分剔除，就是不希望出現極端給分造成得分波動；在統計或迴歸操作中，我們通常也會像跳水評分一般，去頭去尾、忽略掉Outlier。

但回到現實工作中，不論自己或團隊再怎麼優秀，面對Outlier就可能得多些不同的應對方式。比如，當公司來了特立獨行的同事，我們難道只能選擇背對他、遠離他、排擠他、忽略他？

記得早年工作經驗中，有位超級難搞的技術人員（他不喜歡大家，大家也不喜歡他），每次互動之前，我都得做好完全的準備，先到洗手間洗把臉，並對著鏡子催眠自己：「嘿，你可以的，你一定可以的。」然後用力深呼吸，上陣應戰。

就這樣親（淒）密（厲）互（冐）動（痛）了大半年，我們有了不錯的進展（這回下場是好的，也曾有過下場不好的）。他幾乎只願意跟我溝通，並採納我的建議跟安排，但其實我並沒有討好他，更不是事事遷就他，有時候坦白的真心話也會讓他整天臭臉。雖然我不是心理專家，對於應對進退也始終還在學習，但我能夠分享的經驗就是四個字：「待人以誠」，誠懇、誠實、誠信，試著用心解決夥伴們所遭遇的問題。別只想務虛、不想務實；別只講好話、不講壞話；別只顧自己、不顧別人；工作只是一時的，但為人處世是一輩子的事。

我的職涯中也曾有些Outlier實習生讓我和同事很「意外」。記得有回，禁不住好友兼潛在客戶再三請託，請我讓一位研究生來公司實習兩個月。一般而言，臺灣多數公司或主管對於實習生態度相當保留，一來，因為他們仍有課業，無法完全參與、全心投入；二來，由於其參與時程短，上完基礎課程後實習期也去了大半；三是，同仁工作已繁多，又得花時間帶人，有功無賞、打破要賠，麻煩事族繁不及備載。

但這位Outlier著實令同仁們改觀。她不僅主動積極，在短短不到兩個月、一週不到三天的實習期間，除了盡力完成本份工作，又額外運用時間完成包括汽車、金融、物聯網，以及新聞媒體產業等四份中型報告，幾位主管不約而同地跟我直呼，真是「意料之外」。

其實，我對實習生的態度與思考如下：

★產業先進必須給予後輩進入職場前的接軌機會。

★與多個優秀學校進行合作，有助於橋接未來潛力新星。

★貼身觀察並瞭解不同世代的態度、思考與行為。

★透過多元實習管道，公司可以跟不同接觸點交流。

我相信三年成性、五年成局、十年成命，當機會來臨時選擇成為一場「意外」，或是讓同事們直呼真是「意料之外」，職場路該怎麼開始，怎麼走下去，一定是由我們

安納特股份有限公司運動會。

自己決定。

每當有年輕而優秀的部屬跟我說：「有人用超好的薪水與職位挖角我，但這兒環境很好，我實在很猶豫。」不論什麼原因，我都會先問自己：

★我是否沒處理好團隊的事跟事？（方向、策略、任務等。）

★我是否沒處理好團隊的人跟事？（適才適所、薪酬等。）

★我是否沒處理好團隊的人跟人？（團隊組成、成員互動等。）

★是否有根本性的問題？（比如我已不再適任主管等。）

擁有十多年的管理經驗，「統計學」提供我一些基本準則，但「管理」是種藝術，一路下來我從最初的「野獸派」畫成了當前的「印象派」，尚不成風格而且始終在心中拉扯著。

天下沒有不散的宴席，我的簡單原則如下：「我希望所有人對自己的下一步負責，任何人隨時可以走，但下一段一定要比這一段精彩！」

當部屬真的有好機會時，即便該員優秀爆表，我還是寧願給予祝福。只是會嘀著淚水說：「做得不習慣就快點回來。」雖然這原則不斷地造成我跟團隊許多麻煩跟困擾，「感性我」更是不斷不斷地在挑戰「理性我」，畢竟誰不希望好的人才永遠留在身旁。

但也有可能那不是個好機會，而且潛在荊棘滿布，我習慣會建議部屬先問問自己：「是否真的準備好了？」在不考慮Outlier情況下，我會將一個人的職涯粗略分成三個階段：「賺事、賺人、賺錢」。

初出社會的三、五年，我們得先「賺事」：學會做事的邏輯、方法，把事做對做好做滿做到有口皆碑；當賺到了事，接下來就可以開始「賺人」了，此時，我們突然發現不論是主動或被動，漸漸有人注意到我們的態度與高度，也逐漸贏得人氣；保持積極進取，不汲汲營營，待時機成熟時，便會發現或大或小的賺錢機會彷彿量身打造，在沿路等待著我們。

相反的，倘若生涯初期著眼於求取名利，我們會錯覺眼前的高薪高缺是千載難逢的大好機會，現在不跳槽實在可惜。但當夜闌人靜盤問自己後，或許會發現自己羽翼未豐，人望未孚，這個位置不但坐不穩，還可能坐不滿。

明朝朱升曾對朱元璋提出：「高築牆，廣積糧，緩稱王」的建議，擴增實力，廣納賢良，並避免強出頭成為眾矢之的，進而蓄積能量逐步取得天下。而這道理放在職涯發展亦相當受用，先厚植實力、勵精圖治、漸取人望，莫貪虛名，大位不以智取。

相信我，相逢自是有緣。不論這個Outlier是多麼與眾不同的好或壞，不論這個Outlier多久以後將會離開這個單位，在彼此交集的那段時刻，都是你我要修、要圓的課題。你這回選擇跳過這個Outlier，下回早晚還得碰上類似的情境。而人生很長，姑且不論相處到最後的結局好壞，這些Outliers都必然是我們人生的試煉與學習。

怨聲載道不會讓一切變得更好，尊重差異、包容歧見才會讓我們的視角與眼界更全面；就如聖嚴法師所談的「四它」：「面對它、接受它、處理它、放下它。」人生當中的離群值，我們得先面對了，最後才放得下。

我再來說個Outlier的趣事。

某個早上全家要出發到宜蘭，當天一早跑到淡水後，時間不夠只能先搭捷運趕路回家。身體微恙的我不想被乘客白眼，只能當個Outlier瑟縮在門旁一角，盡量躲避擁擠的人群。

也忘了是到了哪一站，一位豐滿的大媽為了擠出車廂，排山倒海而來，我雖然下意識將身體縮得更小，仍避不掉她把一生的「事業」交付在我左手臂上！

那一瞬間，我有被雷劈的感覺，但禮貌上我連忙舉起另一手跟大嬸致歉，漸漸遠離的她只是微微轉過頭，並緩緩搖一搖手。那姿態我讀出來了，她彷彿在說：「年輕人終究還是年輕人！太大驚小怪了。」

實務上，我已分不清到底是我侵犯了她，還是她侵犯了我；墨鏡下，我也分不清究竟是汗還是淚。

你看看，連那排山倒海大媽都懂得對我這Outlier深度包容。

——遇到困難，何妨見證時間的魔法

從成為社會新鮮人第一天起，我就習慣忙碌。

★三十歲前的忙碌：刻意加班非關能力不足，而是希望快速累積歷練、實務，跟同輩一樣做了法定年資五年，但我已日夜兼程，快轉八年。

★三十到四十歲的忙碌：除了養家活口，努力證明自己過去並非多走、白走，同時期待透過更多機會充實自我與團隊，持續前進。

★四十歲後的忙碌：期待每個忙碌的幕前幕後，能帶動更大的舞動與影響，努力整合多元資源，為產業與社會帶來改變。

或許無法事事皆如人意，但相較過去的得失心很重，四十爾後，多少我也有些不惑了。凡事只要用了心、盡了力，能做多少這世界就會回饋你多少。

樂山教養院參訪安納特股份有限公司。

如此歷練之後，當遇上工作夥伴們主動或被動反應，在專案執行過程遇到的問題與困難時，原則上我不會立即處理，而是先觀察；觀察事件大小、發生頻率、處理急迫性等不同層面，或許是「統計系職業病」，也或許是《第五項修煉》的餘毒。

當遇上問題時，關注層面必須高於、廣於個別事件，除了必須觀察一連串的事件變化過程，更要深入了解影響個別事件，以及促發這些類似的個別事件，其背後的結構層面。

針對某些事件，由高至低我們可以有三個層次的觀點：

★系統結構層次的觀點。

★行為變化層次的觀點。

★個別事件層次的觀點。

例如，家中發生漏水狀況。

當你發現家裡地板出現一攤水（個別事件層次觀點），常見的狀況是你懷疑小孩玩水或翻倒了水，於是你拿了抹布或拖把，把水給擦乾；然而，後續幾天又看到地板上水滴漸聚，你仔細觀察後，才發現原來是天花板在滲水（行為變化層次觀點），接著你猜想可能是冷氣漏水，於是先拿了器皿在地上接水後再利用。久漏不耐，你終於找了水電師傅抓漏，最後發現原來是樓上浴廁防水沒做好，每當樓上洗澡積水後，就會造成樓下漏水（系統結構層次觀點）。

長久觀察以來，我們至少能得到一個假說：有些事件短期間內煩惱無用、徒勞亦無功，當下或許能救急，但病灶仍在，除非我們能解得了系統結構性僵局。

初出社會沒幾年心高氣傲，對於「管理」的理解在「管」，於是做錯的、看不慣的、都覺得該管，視而不管，心裡總有些疙瘩；當時間走過，碰撞了、經歷了、也感受了，對於「管理」的理解變成在「理」，理解團隊、溝通團隊、調和團隊，廣視人之美，而淡視於人之拙。

時間讓人懂了很多，不懂的卻也愈來愈多，盡可能忍住不去多想，只記得無時無刻提醒自己，任何事勿忘初衷。

你問有效嗎？至少讓自己的心情平靜、心態正向。

我來講個真實故事。

「我其實有個夢想，希望未來十年內能寫成劇本，被拍成戲劇或電影。」我曾和一位EMBA大哥（我都稱呼他四哥）聊天時，他真情流露地告訴我他的未來夢想。

二十年前的對話，仍清清楚楚烙印在我腦海中。

四哥年長我十歲，身為資深記者的他，對文字相當敏銳，如工匠般斧鑿刀刻，一雕一琢將文字堆砌成他的夢想，自然是理所當然。至少當時的我是這麼以為。

有天早晨醒來後，我清晰記得曾做了個夢，夢境十分溫暖，內容是二十年前的那個對話場景，那段真情流露的對話，完整在我夢中重現。

回憶起往事心中總是暖暖的，但時間的無情推移卻令人異常震驚。

二十年過去，現在的我不就是當時十年後的四哥？四哥完成夢想了嗎？現在的我又擁有了什麼夢想？或是完成了什麼夢想嗎？

前陣子，有機會與四哥再聚，好奇的我，特別重提了這段二十年前印象深刻的對話，四哥回答的倒也灑脫，因應環境變化，他停止了原有的夢想，十多年的記者生涯也宣告中止，轉換成另一個夢想：房地產業大亨。

輕輕地吸了口氣想了想，關於前面的問題我也算有了暫時的答案。

「Today is tomorrow.」出自一九九三年電影《今天暫時停止》，隨時實踐今日心中夢想，忽略歷程的風風雨雨，當下專注對應已被拆解之最小有意義單位任務，例如，一球一球投、一題一題解，時間的魔法將會讓我們見證奇蹟時刻，幻化出追逐夢想時的寧靜感，明天從夢中醒來，將只有溫暖而沒有震驚。

♫他說風雨中這點痛算什麼？擦乾淚不要怕，至少我們還有夢。♫

——是誰開始叫我「最速總經理」

「為什麼大家都叫你『學長』啊？」過去好多跑友都曾問過我。「學長」，這是跑友們最早對我的稱呼。身為一個路跑菜鳥，卻能在馬拉松江湖上得到一個頗具高度的稱號，起因當然不是因為我會幫學妹修電腦；自然也絕對不可能是我愛倚老賣老，其實只不過是因為「配速之神」高志明都稱我為「學長」。

我曾就讀臺灣科技大學九十八學年度ＥＭＢＡ，而高志明於一〇一學年度就學，不論是按照ＥＭＢＡ慣例我們該互稱對方「學長」，或是依照先來後到的順序，這稱呼都顯得再合理不過。

出社會工作幾年後，由於接觸過不少資訊科技與軟體系統，深深覺得這是未來趨勢，於是我在二〇〇七年壯志豪情地報名鄰近芳蘭聚落的國內技職龍頭：臺灣科技大學資訊工程系在職專班。然而，判斷正確是一回事，能否順利完成學業絕對是另一回事。當該學期自己跟著一般生一起修完六個學分、考過幾次期中末大考後，學分雖順利取得，但我也近乎腸枯思竭、油盡燈滅。為了還能保住小命，選擇落荒逃出資

安納特股份有限公司開國元勳。

（超）工（硬）專班，轉往資訊管理系發展，一來讓學分得以延續，二來讓我的腦細胞獲得修復與重生。

練跑之初，如果身為中華民國超馬國手的高大哥都要叫我聲「學長」，其他對我毫無所悉的跑友們，耳濡目染下，當然也就跟著這麼叫我「學長」，因此「學長」稱號不逕而走。如果跑友們對我這隻菜鳥，不明究理油然而生若干敬意地喊出「學長」，一切都是誤打誤撞，而且肯定都被我給占了個大便宜。

近十年我都服務於臺灣最大的外商行銷傳播集團，並於二〇一五年出任集團中最年輕品牌的總經理，或許因為我剛在二〇一四年全國EMBA接力賽中獲得全馬組男子總排行第一；再加上二〇一五年二月渣打馬，剛跑出全馬跑者最甜蜜的負擔：三小時零分十三秒，在那個破三不易的時空背景下略顯難得，所以「最速總經理」稱號開始被一些心存正念的跑友們喊出來，而「最速總經理」竟然就如此順理成章，搭配著「學長」，成為自己在臺灣馬拉松江湖中行走的稱號。

然而，即使全馬成績已獲得相當程度的進步，對於同年九月的波士頓馬拉松申請，自己卻是「有信心但沒把握」。然而不論是否順利獲得入選，做為一個跑者，始終還是希望能針對前幾次全馬弱點（跑量不足、抽筋狀況）進行重點加強。也因此，更密集的練習頻率，以及單次更長距離的訓練量，就是當時心中最渴望的擁有。當下看到二月下旬配速之神高志明、愛跑教練廖宏偉、楊盛合所分享五十四公里年後收心行程，我就不自量力且情不自禁的「+1」了。

上述同行夥伴一個個可都是「超馬」與「標馬」高手中的高手，他們決定安排這樣的行程，主要是針對三月初的南橫超級馬拉松一百公里進行模擬練習；而我則是期待能透過超級馬拉松，進而幫助自己鍛鍊標準馬拉松，所以說自己稱當天的行徑叫做「越級打怪」。絲毫不誇張，而這是我首次突破全馬距離，且一破就是用「故宮小七—風櫃嘴—萬里」來回共五十四公里的山路訓練同樂，還真變態啊！

回想起一年半前，練跑沒多久就首次去挑戰十八公里劍中劍（對當時的我而言，劍中劍應該更名為「慘中慘」），經驗歷歷在目。如今不論是內心或坡道過程依然起伏，但自己已經能夠不落隊跑完全程，而且沒抽筋又不鐵腿。最終五十四公里費時四小時五十七分，每公里均速05'30"，平均心率為132 BPM，真是令人開心啊！

信心大振之餘，二月底原班人馬立即再加碼一趟「故宮小七—風櫃嘴—汐止」來回共四十八公里的山路練習，最終這四十八公里費時四小時十五分，每公里均速05'19"；愈跑愈顯上癮，同一群瘋子甚至在勞動節當日再加碼來個「新店—孝義派出所—桶后林道—鞍部—礁溪」泡湯六十二公里之旅。在勞動節兩週後，我挑戰北橫四十四公里越野賽，以有點累又不會太累的三小時三十九分成績拿下總排行第三。如果說要發表感言，一切都是歸功於以上種種「**我們與瘋的距離**」。

這一年，我不時都會到劍中劍「打卡」，甚至還考慮要不要把家搬到那附近以方便隨時練習。從一開始由操山馬跑友們的帶跑，到後來我常常自己一個人利用午休、連假，獨自前往拔劍。漸漸地，我也認識了幾位時常醉心劍中劍的跑友們，其中包含班長棠棠、大四喜天王愛跑教練等人。那一年暑假，我跟愛跑臨時起意相約競賽劍中劍，想不到一傳十、十傳百，在跑友的群組內出現這樣的訊息：「今晚最速總經理王冠翔，要與大四喜天王愛跑教練ＰＫ劍中劍，七點準時開戰，好刺激好期待，快去觀戰！」（印象中是小賴哥賴信翰推波助瀾的！）而在這樣的刺激之下，也逼出我當時最快的劍中劍完成時間：十八公里共費時一小時十六分。

這段時間以來的精練，讓自己的跑步實力大為精進，同時在工作上也有不錯進展，

跑者日常：大同高中互相傷害。

常有人公開或私訊向我請教所謂「專業」，但坦白說自己心虛得很。其實我看得愈多、鑽得愈深、團隊愈大、學習愈多，我就更深刻地體認到自己能力與知識的淺薄。或許世事如此，「能的」帶「不能的」、「懂的」帶「不懂的」，於是乎「不能的」得裝成「能的」、「不懂的」要裝成「懂的」，裝慣了、熟了、久了，像不像也三分樣，自然有人追隨、有人相伴。

對我而言，我會永遠記得提醒自己，只有自己才是自己的鏡子，閱讀薄薄的這面鏡子，絕不會自以為美到可以取代白雪公主，但也不至於低落到裡外不是人。若自評優點，其中有一點可能就是「還懂偶爾自省」，總能深刻檢視與體會自己的無知與無能。跟我認識或不認識的朋友們，如果正巧你找我詢問或討論些什麼，滔滔不絕並不是我底蘊深厚，欲言又止也絕不是我謙沖自牧，只是每每閱讀完自己這面鏡子，我就愈想放下手邊一切，重新面對自己、充實自己。

名家鄭板橋曾寫下名句：「花亦無知，月亦無聊，酒亦無靈。」花、月、酒在名家眼裡對人生極度無用，但好在我們還有「自己」，唯有閱己，終身得力。

♫輕輕放開你的手，慢慢長路繼續走，自己才是自己的家。♫

——眼前的黑不是黑，雙眼的白是什麼白

做人不能白目。

我以為自己只鍾於所愛，自然周遭異性在眼中逐漸失焦；我以為公司投影機流明數不足，所以每回簡報時都得移座前排；我以為是身手鏽了，屢見多顆飛球殘影迎面而來，讓我不大敢再碰棒壘球。

我不是莫內，雖然馬拉松的過程，視覺捕捉光影的瞬間，色彩與輪廓愈來愈印象派，一副看似年輕的肉體，已經借宿幾許老成靈魂，實在無須再強加一對年邁雙眼；我不是莫內，但在這過程中對於眼中只留存朦朧的光影，也同樣感到恐懼。

但究竟發生什麼事？

原來我眼前的黑不是黑，雙眼的白，竟是白內障的白！

記得電影《露西》（*LUCY*）當中有個橋段，Lucy用兩把刀先定住韓國老大，再用雙手按著他的頭，藉由感知他腦中神經元網路的訊息，接收由小囉囉眼中所看到CPH4

究竟被運到哪些目的地。這場戲如果我是那群小囉囉，還沒進化完成的Lucy恐怕就糟了。由於白內障導致我有右眼2,000度、左眼1,600度的大近視，如果還加上散光與老花一起湊熱鬧，肯定會讓Lucy搞不清楚CPH4去了哪裡。

二〇一五下半年我因為重度近視而誘發的白內障症狀日趨明顯，短短幾個月內，雙眼惡化得非常快速，不但周遭女性變得愈來愈美，連帶著夜晚也愈來愈矇矓，慢慢自己也不大敢開車，因為眼中的世界銳利不再，反而日趨大同了。這下嚴重了，搞得自己非得決定好好將它們做個總清算，也逼得自己不得不把最愛的球類運動像是壘球、籃球、高爾夫等喊停，都暫時不敢再碰。

眼睛是靈魂之窗，在確定雙眼得手術之後，心裡難免有些怕怕的。好多好朋友非常貼心，總試著安慰我：「放心，這手術很簡單，我阿公才剛做過。」「沒問題的，我阿嬤做完後到現在都很正常。」（確定這些說法真的是安慰嗎？）寬心之餘，我同時感受到自己輩分的崇高。這輩子萬萬沒想到，自己的輩分會因為白目而拉得這麼高，甚至後來許多長輩會來請教我白內障手術相關資訊，這就是人生啊！

依規定雙眼不能同時進行白內障手術，左右兩眼得隔至少兩週，再加上術後要停止激烈運動，除了眼睛不要撞擊、也不要流進髒水（那陣子自己常戴蛙鏡洗澡）。好友萬芳醫院眼科主治醫師林祐詩正式要求我這段時間必須休跑，也就是說，我的二〇一五年路跑活動，已提前舉行閉幕式。準備開刀的那天，我還特別一早先去完成半馬。在手術房聊天時，林醫生嘖嘖稱奇說道：「沒見過人中午要手術，早上還去跑了個半馬的！」

我心中OS：「廢話，再不跑，接下來我可就沒得跑啦！」

術後我乖乖遵照林醫生的指示靜心休養，耐心等待術後檢查後的綠燈信號，而在確認可以恢復練習之前，總還是想動動身體、拉拉心肺，怎麼辦？

沒關係，只要是上樓，就自我要求嚴格執行：「不坐電梯，全面改爬樓梯。」只有一回例外，因為當天上午，開會的地點在臺北一〇一的Google辦公室。

做人更不要灰心！

二〇一五年九月，我以同年臺北渣打馬拉松：三小時零分十三秒的成績申請於二〇一六年舉辦第一百二十週年的波士頓馬拉松，雖然距離二〇一六年四十至四十四歲組三小時十五分的門檻有著十五分鐘左右的裕度，但還沒得到確認通知前，包括我在內的所有申請者，心情始終忐忑。

二〇一五年九月二十一日，終於收到審核確認通知信，非常開心自己正式取得資格參與「波士頓馬拉松」！但高興沒有多久，我就確診了白內障問題，因此在十一月下旬進行右眼手術，十二月中旬進行左眼手術，而由於休息時間拖得較長，在雙眼手術完成後，我復跑狀況奇差無比，意志力更是消磨殆盡。

例如十二月底五公里測驗，連二十分內都進不了（該年八月酷暑都還能跑十八分五秒）；更別提跟跑友約跑風櫃嘴，自己竟然屢屢步行，而且還沒能完成全程，留個未完待續。接下來的二〇一六年一月二十四日的渣打馬拉松是術後首跑，當時評估大概三小時二十分完賽可能都有困難，只能愛面子的把心一橫，在一個月的時間將月跑量直接從一百五十公里拉高到三百八十公里，這對身體有些危險，但我只能隨時注意身體狀況，咬著牙艱苦訓練。

這時候救星登場了！

南橫五連霸主「西瓜」梁文榮有情有義地抓我狠狠操練，並創了個「零」群組，把戰神、愛跑、盛合、大鋒哥、進銘等幾位同好聚在一起互相傷害。三週之內，四百公尺操場九十四至九十六秒一圈，從連續二十五趟到三十七趟半，即使我有著不服輸的個性，但沒一次我能輕鬆呑下，相較去年同期狀況真是天差地遠。但撐過之後的好消息是，我不但慢慢找回跑感、找回意志力，也逐漸重燃挑戰自己的念頭。

二〇一六年這個史上最冷渣打馬，我以三小時一分三十三秒完成，雖然成績比去年差，但在極差的天候以及欠佳的身體狀態下，我卻用意志力克服一切困難，這絕對是我最滿意的馬拉松之一。我除了感謝「西瓜」之外，也想告訴他，能夠在三週左右，從殘破不堪回復到這八、九成的狀態，實在是心滿意足了。

接著是二〇一六年三月二十日的「國道馬拉松」，距離四月十八日的「第一百二十屆波士頓馬拉松」大約四週，而這也是我最後一次的正式比賽兼賽前模擬。為了能在波士頓破三，我投入了相較過去質跟量都更加充分的訓練，從一月到三月之間累積共九百八十五公里的跑量，充分到甚至比賽前一晚，因為確信自己當天一定會破三，半夜竟然興奮到輾轉反側，最後只睡了短短二十分鐘，當鐘走到三點多，我一度還想直接殺到會場外睡車上，最後在太太勸說之下，繼續在床上翻來覆去，最後還是只睡了二十分鐘。

零群組城中豆花店聚會。

由於睡眠短缺的狀況前所未有，比賽前我還真的擔心起來，深怕這項變因影響自己場上表現，但為了不讓這項變因成為藉口，比賽時我異常投入與專注。國道全馬是去回兩趟，特別之處在於去程的大逆風，而除了第一趟的去程有愛跑教練、城中豆花店老闆戰神等人相伴外，之後我都大膽獨自推進，原因無他，為求波馬能夠扎扎實實破三，我必須在最後一次模擬考徹底瞭解自己的狀況與問題。

最終，國道馬完成時間是兩小時五十七分三十六秒，總排名第九，四十至四十九歲組分組第一。雖未達兩小時五十五分的賽前預定目標，但充裕的破三成績也算是合格表現，自己也更篤定將來在波士頓馬拉松賽場上的表現。

我從未叫過自己「最速總經理」這溢美之稱，時至今日也還沒習慣這稱號，而這一切是自己練跑之初所始料未及，但也正因為如此，我總是努力讓自己相對而言盡可能不負這個美稱。同時，因為我英文名字叫「Sean」（諧音：象），所以我在二〇一九年設立了「跟著象總跑步上學」這個Facebook粉絲專頁，一方面鼓勵上班族與家庭多運動，一方向也積極為自己正名，讓大家別再叫我「最速總」，而改叫我「象總」。

CHAPTER 7

可以輸掉身體，
但一定要贏得靈魂

常人汲汲於向外界證明自己；強人悄悄然朝內心挑戰自己！

二〇一六年四月，我準備前往參加市民跑者的最高殿堂：「波士頓馬拉松」。在精實特訓四個多月後，人黑了、體重掉了、頭髮也理了，幾個月的醞釀及等待，只為在波士頓馬拉松全力以赴。很幸運有許多幫助及祝福，家人的支持、西瓜的經驗分享、跑友們的相互激勵，公司同事還特地做了支搞笑勵志影片和信物，為我打氣。

二〇一六年那趟波士頓夢之旅，我其實信心滿滿，原因就來自於以下三個神一樣的夥伴：

夥伴1：精實訓練

一步一腳印的訓練是永遠不會背叛跑者的。

雖然在波馬之前自己遭遇了「白目危機」，但在西瓜與零群組這群救星的「愛戴」

與「總動員」之下，白內障手術後的幾場賽事，包括二〇一六年臺北渣打馬拉松，同年臺北國道馬拉松等，都取得不錯的成績，並在韋毓及小偉邀請下，每週一天前往剛成立的「Sub3團隊」互相傷害，並累積足夠的實力與信心，前進波馬。

夥伴2：貼身保姆

此行最大亮點之一，就是典獄長美嬌妻全程貼身照料！不論出入、起居、賽前、賽中到賽後，簡直可以說是毫無後（自）顧（由）之憂。

她善變，但是宅心仁厚；她全面，但是受萬人敬仰。身兼經紀人、復健師、營養師、攝影師及領隊，她溫柔賢淑、宜家宜室、出得廳堂、入得廚房、靜如處子、動如脫兔，她究竟是神仙的化身，還是地獄的使者，沒人知道，我也無可奉告（偵查審理中，案件恕不公開）。惟有關上述說明，作者本人並未遭受任何外力脅迫亦無簽署不自殺聲明，如有傳言，純屬巧合。

夥伴3：神級隊友

二〇一五年底中華長跑隊第一百二十屆波馬團成團，「領隊」是臺灣波士頓馬拉松第一人：郭宗智老師，郭老師在一九八三年三十歲參賽時，以兩小時三十一分六秒完賽，至今仍是臺灣選手參加波馬的最佳成績紀錄保持人。還有臺灣最速跑者張蔭富富哥隊長全程「統籌」，及Q爸義務擔任大家的「福利委員」，出征前並由飛躍的羚羊紀政老師「授旗」。

當然，還有一尊尊臥虎藏龍的神隊友！

不但馬場總字輩一堆，其中最年長跑者，那年已七十二歲的胡登村校長、最速女跑者周筱嵐、最年輕跑者周青、最快跑者鍾孟庭、宜蘭縣前縣長呂國華、中華郵政呂松霖局長、名門扶輪社顏禾洋總經理、黃啟貿醫師、康庭瑞麻醉醫師、朱含祺上校、王學堯中校、集祥學長、燕子姐、庫米桑、健雄哥、仁錄哥、敬明哥、必誠哥、若君姐、小龍女、汀睿、小月等，團員們在各行各業中人人一片天，人人也都有自己跑馬的奮鬥故事。

世上恐怕不只有媽媽好，有了神隊友們相互扶持，我們一樣像個寶。

二〇一六年四月十四日，我們一群臺灣勇士們動身前往第一百二十屆波士頓馬拉松，一起參與並感受美好。

二〇一六年國道馬拉松，初次破三！

——Boston, We've Got a Problem！

二〇一六年四月十八日，我在波士頓天氣晴。我的賽前目標是：兩小時五十二分零秒完賽。

目標終歸只是目標，比賽的天時、地利與人和常常要視當天情況，才能綜合研判，所以即使有再充足的準備、再強烈的信心，一切都得耐心等到當天，就如同前一天在展覽會場上高掛的祝福布條，寫著：「Good Luck！」

一早起床，算算共睡了八個小時，看來時差對我不是問題。對照國道馬前一晚因為興奮過頭只睡了二十分鐘，我大概對於大比賽的「漠視」程度明顯升級；身體狀況感覺也不錯，賽前一天步行過多（共20,819步）導致全團團員腳與腳底板痠痛，都因為睡飽而感覺不成問題。只是清晨出發天候稍涼，仍需要雨衣等禦寒衣物上身。然而，當天最大的麻煩，卻是無情的烈日。

由於前一天就感受到陽光強烈，當天彈性地調整補給策略，早餐就先補一顆電解質錠，正式出發前十分鐘再補第二顆，並將其餘三顆用夾鏈袋分裝，並用釘書機釘在衣角及褲角，設定在十二公里、二十五公里，以及三十五公里各補一顆。

隨著起跑時間接近，如同往常，比賽開始後我就會進入「張無忌學太極」模式：前三十公里先忘掉目標、忘掉曾學過的招式，專注在當下的比賽。

波士頓馬拉松的開局其實是個大陷阱。

由於一同出發的鄰近跑友們實力相近，鳴槍起跑後總感覺誰也甩不掉誰。尤其前面五公里是個長下坡，僵持不下的結果，就是當完成這下坡路段，原本新鮮的小腿感覺明顯加速折舊，雖然能量滿滿的當下自己還不自覺，但一切都在心碎坡上進行最後審判。

前十公里我跑了四十分十二秒，平均心率154 BPM，相較於平日狀況，大約高了5 BPM左右（烈日果然有影響）。我立即瞭解到今天的天時、地利以及人和狀況並非最佳，於是小心翼翼地遇水站必停，且每站必點「三杯激」：一杯爽口、一杯澆頭、一杯溼身。當天的溫度體驗是奇特的，預報溫度大約十九度，可是在無雲強光照射及柏油路輻射升溫顯著下，穿著背心的體感溫度卻有二十五度上下，但途經陰涼處或澆了水時，吹到風卻又涼颼颼的。

通過半馬晶片感應點，時間是一小時二十五分十一秒，雖然低於預期四十八秒，但此時卻反倒High了起來！原因無他，在不久前賽道上的所有跑者大老遠就已經感受到衛斯理女子學院「吶喊隧道（Scream Tunnel）」的威力！

但非常遺憾的，也不知究竟是天氣過於炎熱？或者是太座全程照（蒐）顧（證）？又或者是為了回臺後生活的長治久安？對照本團團員們賽後縱使疲累，仍不忘比較親吻個數是否破ＰＢ，以及誰的親吻合照較為「溫馨動人」。我對於「吶喊隧道」的互動，記憶庫裡竟然：「完全沒有畫面、完全沒有畫面！（沉默）」

不過，先別管「吶喊隧道」了，你有沒有聽過「心碎坡（Heartbreak Hill）」？

想起賽前一天，我與郭老師在adidas RUNBase中波馬賽道等高圖前，細細討論整個賽道。而整場賽事的「吶喊隧道」和「心碎坡」這兩關絕對是重要關卡，只是關關難過，但關關不說。在二十五公里之後，便開始一連串爬坡，我在二十六到三十公里這段的五公里，完成時間一下子掉到二十二分一秒（前五個五公里完成時間分別在二十分上下）。當然，三十公里是一個重要檢核點，這時候我的完成時間是兩小時

二〇一六年波士頓馬拉松衛斯理學院吶喊隧道實況。

（上）二〇一六年波士頓馬拉松，臺灣團於終點線前賽前大合照。

（下）二〇一六年波士頓馬拉松，臺灣團員終點線前與國旗合照。

三分二十七秒，至此心裡早已有數：今日無法達標。因為接下來三十二到三十四公里左右，還有著大魔王「心碎坡」在後頭咧嘴狂笑。哦，對了，稱大魔王為心碎坡還稍嫌蔑視，至少該稱為「心碎坡群」。因為這個路段其實是用四個上坡來串起心碎的樂章，當你流淚的時候，那不是洋蔥，是心碎坡組曲正在演奏中。

♫我的眼淚寫成了詩，已無所謂。♫

上坡頻繁的後半馬，我的心率雖能穩定控制在154 BPM附近，但雙腳卻感覺較為無力（看來前日走路過多終究是個問題），途中幾度準備降速並發出「Boston, we've got a problem.」的求救訊號，訊號尚未完整發送，卻立即被波士頓觀馬民眾的熱情與吵鬧完全鼓舞起來。更精確的描述，是當我在幾處上坡路段想徹底減速，靜下心來跟自己好好對話，卻無奈被兩旁夾道鼓噪的民眾搞得是減不下又靜不了。

在跑完「吶喊隧道」及「心碎坡」兩個關卡之後，有人說：「我們在這兩個地方耗太多時間了，經歷這兩個關卡，雙腳明顯都軟了。」也有人說：「經過這兩個地方時，我的嘴巴都不能說話（前者正在享受人工呼吸，後者則是努力自主呼吸）。」

更有人說：「這兩個關，該長的（吶喊隧道）不夠長，該短的（心碎坡）卻又不夠短。」

聞名遐邇的波士頓馬拉松，果真是吶喊道上迎吶喊，心碎坡前嘆心碎啊！

——在波士頓闖關的Running Man

二〇一六年波士頓馬拉松最後獲取號碼布的闖關者共有30,741位（女生14,112位；男生16,629位），確定站上起跑線的跑者共27,487位（女生12,610位；男生14,877位），最後完成26,639位（女生12,168位；男生14,471位），完成率96.9%。

當天一早寄物結束後，Running Man的第一關，就是所有選手前往Boston Common Tremont Street排隊，搭乘通往賽道起點Hopkinton的校園巴士。當我們坐上了校園巴士，抵達出發點Hopkinton，簡直驚訝到說不出話！眼前這個現場像極了大型嘉年華會：耀眼的陽光、偌大的帳篷群、或躺或坐的選手們、歡樂的談笑聲、吃不完的餐點、水果、飲料與補給，一度錯覺大家不是來比賽，而是來舒舒服服野餐的。

波馬的出發順序共分為四個波段，而每個波段又分為八個區位，每個區位約有一千名選手，各區位間會以柵欄隔開，我的編號「4551」，位處第一波段第五區位。而這意謂著前面區位都是成績更快的選手，而在同一個區位柵欄內則是成績相近的選手。

二〇一六年波士頓馬拉松最後轉彎處。

因此可以想像，起跑後前者不可追，但來者又不可小覷。所以相較於其他自己曾參與過的馬拉松，波士頓馬拉松的男女參賽者比例相當接近，而由於不論男女全都是依成績擇優錄取，可以理解參賽女生實力之堅強。若你還在懷疑，需要更多女力證明，其實可以從我後半程遭遇上坡路段而降速時，身旁不乏女子選手輕快呼嘯而過，由此可見一斑。

除了賽道上選手們的競逐，賽道旁更是爭奇鬥豔。我見識過東京觀馬民眾的「歡」、北海道觀馬民眾的「忙」、那霸觀馬民眾的「樂」；卻完全拜服於波士頓觀馬民眾的「狂」！他們更投入、更歡樂、更瘋狂、更熱情、更開心。就算你只是個抒情歌手，跑進了這個充滿能量的場域，一個不注意可能就唱成Rocker了。滿滿的觀戰群眾、服務志工、軍隊、警察等，彼此主要目的或許略有不同，但完整建構起的這個闖關遊戲，卻讓我們身陷其中無法自拔。

而在賽道上舉旗不但具有國家民族意義，當然還有些較勁意味。波馬賽道就是一個好例子，美國人其實愛國到有點自戀，不但賽前奏起國歌時很多人跟著大聲唱喝，賽道沿途也會聽到老美發自內心吶喊著：「USA! USA!」經過他們當下，我心裡想著：「啊不就好棒棒！不要讓我跑到最後，到時候也要給你們來個『Taiwan! Taiwan!』」

賽前大家就已經講好，波克萊臺灣商會與駐波士頓辦事處特地準備了一些大型國旗在距離終點前四百公尺的Apple Store等候選手，務必讓大家進終點時，可以讓青天白日滿地紅國旗滿場飄揚！

再將場景帶回到當天賽道。

當選手們過了「心碎坡」後，比賽剩下八公里左右，但「烈日灼身」再加上「心碎欲裂」，其實已經讓我們的意志消耗殆盡，此時此刻最大動力無他，就是前一日的約定：「一定要讓那面大國旗滿場飛揚！」

當眼前的高樓大廈慢慢地出現，我們都知道已經進入波士頓市區，只是不到三公里的距離，卻讓人感覺怎麼始終跑不完。如往常一樣，我不斷在比賽當時提醒自己，就把最後的三公里當成比賽剛開始——「將動作擺出來，維持相同步頻」。等到終於轉進Boylston Street，此時距離終點已剩不到一公里，但整條街卻仍帶著強風吹拂，似乎馬拉松之神還刻意讓大家面對多一點考驗。

我前一日特別記住「Hynes Veterans Memorial Convention Center」的位置，目的是希

望當這個地標一出現，我就能下意識打出左轉燈號，向Apple Store推進，而一切的一切，就為了向代表處及加油團領取那面支撐了我們好一段路的中華民國國旗！

這一幕不知在腦海裡排練過多少次，到Apple Store前我熟練地從富嫂鳳芸姐手中拿到了這面大國旗，輕跳下階梯時我還險些抽筋，頂著終點前的強風我試著將國旗慢慢攤開，雙手高舉著國旗衝向終點。可是沒想到逆風舉旗舉將近四百公尺距離，還真像是跑完全馬後再加幾組重量訓練般的痛苦。又能怎麼辦？頭頂上的可是咱們國旗，上上下下的也不好看，後面的馬拉松我就記得提醒自己抓重點，終點前一百五十到一百公尺的鏡頭才是王道，舉得早不如舉得巧啊！

終點前我口裡不忘喊著「Taiwan! Taiwan!」我說到做到，哪怕早已經累壞了，就個人而言雖沒能達成預定目標，但是這麼多人一起讓中華民國國旗在波馬賽道滿場飄揚，那就是達標，那就是帥！而我的申請編號「4551」，最終完成順位是「1161」，Running Man in Boston，也算是破關大躍進，成功！

二〇一六年波士頓馬拉松完賽英雄合照。

——贏回自己靈魂的Boston Strong

愛國者日（Patriots' Day）是美國獨立戰爭列星頓和康科德戰役的紀念日，美國麻薩諸塞州與緬因州每年會在四月第三個星期一進行慶祝。而一八九七年創立，同時也是全世界歷史最悠久的波士頓馬拉松，就是選在愛國者日當天舉行。

二〇一三年的愛國者日（四月十五日）下午兩點四十九分，就在波士頓馬拉松賽程進行時，在終點附近兩處先後發生震撼世人的大爆炸，這個爆炸案造成三人死亡，以及一百八十三人受傷，傷者當中有十七人甚至一度情況危急。二〇一六年四月十八日，也就是三年之後的愛國者日，傷痛或許仍在，但根據當地人的說法，這就好比「北風和太陽」的寓言故事，二〇一三年大爆炸的這場「北風」，非但沒有炸毀波士頓人的信心，反而強化了當地人的信念，將彼此的心拉得更緊、更近。當大家擔心第一百二十週年整數年擴大舉行，如果有炸彈可能會是同等規模，波士頓人卻以「Boston Strong」相互鼓勵，並啟動全市無與倫比的動員能量，力挺這項全球歷史最悠久的馬拉松百年賽事。

賽道當中不但隨處可見「Boston Strong」的旗幟飛舞，更振奮的是看到許多二〇一三年爆炸案的倖存者，積極回到當年的傷心地，堅強而歡樂地參與二〇一六年波馬賽事。當中一位國標舞者更是指標人物，歷經七個多小時，她腳下飛舞著刀鋒，在全部人的等待與祝福下，完成了在她還未受傷前一無所悉的馬拉松賽事。電影《賽德克巴萊》有句精彩對白：「真正的人可以輸掉身體，但一定要贏得靈魂。」沒想到我竟然在這兒親身見證了這樣信念與精神。看到這一幕，有那麼些片段會感受到時間因為這種強大能量而完全停止下來，心中不由得大受鼓舞而熱淚盈眶！靜下心來想想，我們這些好手好腳、頭好壯壯的人們，到底有什麼理由與資格在那兒懷憂喪志、怨天尤人呢？

完賽後的那幾天，選手們不論走到何處，哪怕身上只有一丁點蛛絲馬跡：衣服、獎牌或帽子等，只要憑藉著那麼一點線索，民眾就會熱情地跟你點頭、微笑，外帶致意，向你不停喊著「Good Job!」「Well Done!」「My Hero!」手裡不忘順勢再加個「Thumbs-up」，給個擁抱或要求拍照都是標準作業程序。某些時刻，我們都會錯覺自己就是電影《特洛伊：木馬屠城》（*Troy*）中的Achilles，盛大的希臘聯軍們不斷地歡迎及吶喊著自己的戰勝歸來，多麼希望有那麼一天，這個場景在臺灣實現，我們在賽道內外一起感受這樣的英雄氛圍。

這場美夢終於在吶喊與心碎中實現，比賽成績是兩小時五十七分四十九秒，平均心率154 BPM，平均步頻188 SPM，VO_2 Max 65，我順利通過了二〇一六年波士頓馬拉松的考驗！這場並非專屬於菁英跑者，而是給很努力的業餘跑者參加的賽事，讓自己收穫滿滿。雖然一切的美好仍有個「未達成賽前目標」的美中不足，但人生嘛！太過完美的情節通常只會出現在童話故事裡，現實中的故事不都帶著某些遺憾呢？

我很慶幸在追求夢想的過程中，有緣親身體驗並見證一幕幕「永不放棄」的情節，以及一場場「堅持到底」的戲碼，就如同棒球巨星貝比魯斯（Babe Ruth）說的：「You just can't beat the person who never gives up.（你無法打敗永不放棄的人。）」

不禁讓我想改寫一句電影《魔球》（*Money Ball*）的經典對白：「How can you not be romantic about MARATHON？」

至於說到Romantic，賽道當中非常Romantic的地標「衛斯理女子學院吶喊隧道」，由於本人因故存有記憶黑畫面，未完待續的真相就只好留待未來再一次的波士頓馬拉松，再次努力拼湊。

CHAPTER 8

不是每個「練曲」都有美好回憶

幸福只在瞬間，餘下的都是等待。

六大馬練習過程，快樂總不在當下，而是在很久很久以後。

二〇一四年二月第一個六大馬「東京馬」完成後，經歷兩年又兩個月，終於在二〇一六年四月，在第二個六大馬「波士頓馬」完成破三，所有辛苦的練習頓時都成了美好回憶，而這一切來到二〇一六下半年，第三個六大馬拉松「柏林馬」後達到頂峰。

柏林馬是公認的最速賽道，「樂透」不成後自己也沒打算參與旅行社專案，反而早將希望寄託在二〇一七年。但就在二〇一六波士頓馬拉松結束後，什麼好運都來了，我意外獲得友人詢問某機構臨時空出的二〇一六年九月柏林馬名額，問我：「是否有興趣參與？」拜託！豈止有興趣，我強掩內心激動，一派正經地淡淡回覆：「讓我回去討論一下，還得做一下工作與家庭的安排。」對於過去曾因公造訪過近二十次的德國，擁有這段美好的意外，心情極度興奮，卻總覺得也是合情合理。

九月的馬拉松是特別難準備的。

最大的困難就是必須想方設法在臺灣的暑假尾聲，完成訓練最後階段的幾次長距離配速練習。從波馬結束後到柏林馬之前，這五個月我一共完成一千三百六十五公里。過程雖然很苦，但為了這個對我而言意義非凡的國度與城市，絕對值得。特別當柏林馬完成之後，自己並沒有像其他五個六大馬一樣留下文字紀錄，原因很簡單，文字並沒辦法完全表達這場比賽對我的意義與感覺，與其留下隔靴搔癢的篇章，倒不如將美好的回憶長留心中。

然而，不是每個「練曲」都有美好回憶，我的柏林馬差點就毀在自己的無知手上。

時間回到柏林馬比賽前兩日，當參加完柏林馬拉松博覽會，回到旅館我立即將手上的「身分識別手環」撕去，很多人問：「為什麼要把身分識別手環撕掉？」對啊！比賽當天我因為缺少手環不得其門而入時，我也是這麼問自己，但我就是不知道那個身分識別手環必須在比賽進入柵門時使用啊！由於我是隻身前往柏林馬，當時以為身分識別手環只需要在博覽會使用，更精確的說，我壓根不知道它是為了賽道安全，而特別發展出來的「身分識別手環」。

當天毫無疑問我的確是本人，但接連著B區、C區、D區都不讓我進入，唯一解決方式，就是我得拿護照跟主辦單位確認身分後才能夠進入。當時自己感到萬念俱灰，誰出門比賽會隨身帶護照？而且就算我順利回飯店拿護照，再重回現場後比賽早已走到不知幾時幾分？

「六大馬計畫竟毀在自己的無知，怎麼對得起這麼多戰友親友，一定會被笑死！」最早映入我心裡的想法大概就是這樣，自己急得像熱鍋螞蟻一樣四處奔走，尋求其他可能性，就在近乎放棄之際，自己突然想起在東京馬F區出發時人擠人的痛苦，靈機一動立刻狂奔至G區與F區附近。

我當時想到在臺灣鯉魚池餵食的經驗，當餌撒下後，由於眾多魚兒群聚，早就分不清哪幾隻是原先想餵的，於是打定主意立即前往G區與F區中最擠的柵門進行嘗試。

現場柵門果然擠到爆，我二話不說，第一步用左手掀起外衣秀出胸前號碼布；第二步用右手輕輕帶起人群中某位選手戴有手環的那隻手；第三步快速進入會場，永不回頭。櫻木花道說：「左手只是輔助。」對，左手只是輔助，因為右手才能找到出路，我當下深刻地體悟。

說真的，順利進入跑道的當下，才終於找回自己先前被嚇跑的三魂七魄。最大的敵人絕對不是別人，真的是自己啊！

而這最聰明跟最愚蠢的自己，都是在柏林。

——壓力讓你充滿超能力：倫敦馬

從跑起馬拉松以來，自己第一次感覺這麼有壓力！為什麼呢？

當時邀請很多好朋友一起做公益，只要他們參與倫敦馬慈善募款，我就捐出同樣金額給「中華民國兒童癌症基金會」及「臺灣肯納自閉症基金會」。不但可以同時幫助國內外許多公益機構，更讓我有機會帶著大家的期待，一起參與這項慈善馬拉松。

和所有跑友一樣，一開始我也參與倫敦馬「樂透」，在確定樂不到又透不了後，我就開始找尋其他可能。最初，我發信到亞洲所有配合的旅行社詢問，然而所有回信都直指「名額早被預訂光了」，但身為跑者哪會這麼輕易放棄。雖然時機有點晚了，在與駐倫敦同事兼倫敦馬經紀人Pin討論後，決定改走慈善路線。我們問了些還有席次的慈善單位，後續作業步驟簡化示意如下：

第一步，**選定慈善單位**：由於曾擔任過癌童志工，加上身邊有些親友因為癌症離世，我希望為癌症患者付出更多，因而選擇「英國癌症兒童組織（Children

二〇一六年柏林馬拉松終點線前。

with Cancer UK）」。

第二步，填寫線上表格：二〇一六年十月底，我依照要求寄送申請表格，填寫個人資料、參賽動機、募款經驗與募款計畫等資訊。

第三步，單位審核：該單位先來信要求進行電話訪談，確認細節，再經其內部程序後，通知最後審核結果。

第四步，開始募款：順利成為該單位募款團隊成員並取得倫敦馬席次，在倫敦馬公益募款網站成立帳號與募款網頁，進行四個多月的慈善募款推廣。有趣的是，當時這個慈善單位根本不設最低募款金額門檻，而是以下列三者為審核標準：

1. 你為何想為慈善而跑？
2. 你的募款計畫為何？
3. 你有多少潛在募款對象？

這四個多月一共募得兩千零二十英鎊，就在大家共襄盛舉之下，我帶著好朋友們的期待，參與了二〇一七年倫敦馬。

從GMT+8到GMT（格林威治標準時間，Greenwich Mean Time）

赴歐首週到了德國漢堡參與全球高峰會（Global Summit），週末二〇一七年四月十五日造訪在二〇一九年同日遭大火突襲的巴黎聖母院，抵達倫敦總部開完兩個會後，直到二十日才能開始備戰二十三日的倫敦馬拉松。而「等待」最是難熬，等待登場的過程像極了跑馬拉松本身，也是一段心理的試煉。

備戰首要之務非常簡單，即是驅車前往倫敦東邊的「倫敦展覽中心」（Excel London），記得帶上「報名表」（Registration Form）及身分證明文件，才能領取號碼布跟晶片。在取得號碼布和晶片前，任你是天王老子，也別想進入馬拉松賽場。（柏林與東京馬更嚴格，EXPO現場會繫上身分識別手環，當天沒手環也不能進場。）

國外的馬拉松大多都是九點或十點開始比賽，如果是十點開始的比賽，早上得多吃一些，或著帶些食物到會場備用。而我就是一念之差，以為會場如同波士頓馬拉松一樣有吃有喝又有拿，因此沒多帶食物。於是狀況來了：「報告班長，賽前一個半小時，覺得好餓但又沒帶食物，請問單兵該如何處置？」

我當機立斷吃了比賽用的一包補給，想著大會在十四英哩及二十一點五英哩還會有兩處GEL補給，而且實際上當下也沒得選，只能大膽先吃了。

可是，賽前一個小時，狀況又來了，又開始覺得餓，怎麼辦？

不只是「路」長在嘴上。

「食物」也是。顧不得這麼多了，就請鄰兵以火力掩護我吧！

我拉下不老也不小的臉，厚著臉皮跟鎖定已久的老外跑者攀談，硬生生把老外袋子裡的香蕉，變到了我的肚子裡。不得不說，這厚顏的行為對我後續比賽真的非常重要，至少安定了自己的心。

♫一開始我只顧著看你裝作不經意，心卻飄過去。♫

格林威治公園（Greenwich Park）的出發點共分為藍、紅、綠三區，其中藍區約

二〇一七年倫敦馬途經中途攝影點。

27,000人，包括男女菁英選手；紅區約28,000人，包括大約2,600位Fast Good for Age英國跑者；綠區共約6,900人。

我由紅區出發，雖然排序在第一波段，但第一波前面至少還有大約2,600位英國跑者，因此大約三分鐘後才過出發感應點。三原色的紅、綠、藍三區的跑友在John Wilson Street會合時，氣勢看起來很壯觀，但同時自己也不禁擔心起來，前面都這麼擁擠，會合後還得了？也不知是倫敦的跑友們水準都不錯，還是出發序位不夠前面，抑或是路面太過狹窄，倫敦馬這一推一擠的擁擠感，竟然到了大約近二十公里處，才相對不用閃來躲去。

賽前一週RQ即時跑力64.7，而當天RQ狀況指數是1.1，整體調整得宜。然而太陽在賽前一小時頻頻探頭，開賽後更是毫不遮掩地出場，看完整場比賽。當起跑後跟鄰近跑友一起瘋了五公里後（十九分四十九秒），深深覺得再這樣下去後面一定會爆掉。一念之間，我立即強迫自己降速到每公里4'05"左右。這個戰略是成功的，我的前半馬跑了一小時二十六分六秒，而後半馬跑了一小時二十七分五十三秒，扣除掉前五公里的超速，前後半馬差異幅度非常小。

我一共帶了四包補給GEL，原訂在十公里、二十公里、三十公里、三十六公里各補

RQ科學化訓練工具APP。（Android）

RQ科學化訓練工具APP。（iOS）

給一包，但由於賽前肚子餓先吃掉一包，造成補給策略被迫大調整。我改在八公里、十八公里、二十四公里（大會GEL）、三十公里、三十五公里（大會GEL）補給。沒辦法，肚子太早餓了。而「電解質錠」則依原訂計畫，在賽前十五分鐘、十五公里處、三十公里處各用乙顆，最後一顆備用沒用上。

還記得跑上倫敦塔橋時，路程已近半馬，心中除了浮現「垮下來」那首兒歌之外，更感受到跑在歷史上的壯舉，以及橋兩旁全是加油群眾的壯觀，回想臺灣的賽事，究竟何年何月何日，才能有這番景象？

從心中有國旗到手裡揚著國旗

深深與馬拉松交往過的人都知道，跑馬前面三十公里都是在打發時間，要學的、要練的、要比的，就是最後12.195公里。我的前三十公里完成時間是兩小時三分五秒，那代表著後面的12.195公里只要能跑進五十二分左右就能在兩小時五十五分之內完賽。但想像總是美好的，實際在場上雖還不至於痛苦萬分，卻總會不斷問自己那個老問題：「喂，你沒事幹嘛來跑馬拉松？你看那些在旁邊喊『Keep Going』、『Good Job』的啦

RQ（Running Quotient）：跑者數據教練與科學化訓練工具。不論歡樂或嚴肅跑者，為免自己暴露過量訓練風險而不自知，透用RQ可以觀察自己跑步數據，理解體能、疲勞狀況、訓練壓力，分析自己的跑力（跑步戰鬥力），調整最適訓練模式。對數據有追求而且英文很好的跑者，另外可參考國外另一服務TP（Training Peaks）。

啦隊，多愉快、多愜意啊！」

賽前，「臺灣KONA王者：鋼鐵老爸」Jason Lin跟我說，會在四十公里處右側分別等我和林爸爸（二〇一七年倫敦馬成功拿下世界六大馬獎牌的七十歲跑友前輩），但有個補充說明：「現場人太多，不一定能搶到有利位置遞旗，所以我們就在現場見機行事吧。」

跑到四十公里處當下自己腦袋非常清醒，我往右猛盯，努力找尋那熟悉的身影，經過近百米搜尋後，原本大失所望地準備迎接最後兩公里的挑戰，突然間右前方有個熟悉的聲音大喊：「冠翔！冠翔！」我立即像磁鐵一樣被吸引過去。沒錯，那就是Jason！還真是沒辦法想像，就在那短短一、兩秒的視線交流，我們不但彼此打完招呼，他還拍了段影片，並遞了國旗給我，同時還約好過終點後在「會面字母CD區」取回國旗，愛運動的人果然做事就是迅速、確實而有默契。

手中緊握國旗的我早已顧不得疲累，心情反而相當亢奮，但還有兩公里的路程，可得小心護送國旗。跑波士頓馬拉松時，國旗在終點前近四百米舉起，活像是跑完全馬後又加做重訓的經驗實在不能忘，我等到最後一百二十米左右，才盡情讓國旗飛揚！

賽後，自己的特寫上了倫敦馬官網精選頭條，我實在很開心在這個充滿全世界跑

二〇一七年倫敦馬拉松Jason遞國旗給象總實況。

者的賽事上，還能讓屬於我們國家的國旗在終點線前飄揚，異國舉旗任務再度解鎖成功！

二〇一六年十二月二十九日，當我開始募款時，設定了倫敦馬的闖關目標：兩小時五十三分五十九秒。

二〇一七年四月二十三日，跑完的個人晶片時間，令人驚訝地竟一秒不差落在兩小時五十三分五十九秒！我可得鄭重澄清，整件事完全是個巧合，絕不是我有超能力。

倫敦馬小Tips

樂透看天意：想搭上倫敦馬列車，除了實在別期待的樂透機率，快找承辦旅行社、捐助公益單位，或向贊助單位取得名額吧！

牡蠣卡大便利：比賽當天憑號碼牌即可搭所有交通工具，但建議事先瞭解倫敦地鐵（Underground）、火車（National Rail Services／NRS）或輕軌（Dock

Oyster Card（牡蠣卡）：與 Travelcard 都是英國倫敦自由行時好用的交通卡，類似臺灣悠遊卡，可用來搭乘地鐵、公車，還有倫敦市區內鐵路電車、船泊等大眾交通工具。

Light Railway／DLR），瞭解前往EXPO、格林威治出發點，停靠站或轉換站的路線，至少須詳讀《Final Instructions》中第一章「Final Instructions」。

賽道大不易：用「地無三里平」來形容倫敦馬路應該非常貼切，因為沿途跑起來總有像在做腳底按摩的聯想；另外，賽道起伏還好，理論上該是個好賽道，但是分三區疏散出發的美意，卻因為許多路不寬，至少全馬的三分之一路程的周遭都很擠，且在擁擠之外更糟的是250ml補給水及380ml補給運動飲料是採瓶裝提供，整路都得留心腳下的補給瓶（有跑者因此打滑跌倒）。

超級變變變：倫敦天氣陰晴不定，就像當天一早的天氣預報是莫文蔚的「陰天」，起跑前竟改唱周杰倫的「晴天」。

二〇一七年芝加哥馬拉松終點線後。

在不斷的轉彎裡看見轉機：芝加哥馬

二〇一七年芝加哥馬拉松，世界六大馬的第五馬，也是最愛繞圈的馬，就在暗潮洶湧中順利完成！完賽時間：兩小時五十三分五十六秒；平均心率：150 BPM。

計畫永遠都趕不上變化

二〇一六年曾經有個全家前往美國半年的進修計畫，於是我以成績分別申請二〇一七年芝加哥馬與紐約馬，並順利取得參賽資格。最初覺得這個構想很完美，不但可以全家出遊，又可以一兼二顧把六大馬完成。可是人算不如天算，後來因故取消進修計畫，但想想都已經跑完四個六大馬，頭都洗超過一半了，不如就把剩下兩顆頭洗完吧！

然而也因為計畫生變，反倒成了小小困擾：「得在有時差的地方連月馬」。芝加哥馬當然不會是問題，特別是在柏林馬成為「最速賽道」之前，這個封號原先是屬於芝加哥馬，也因為這個緣故，我始終認為只要訓練夠扎實，芝加哥馬絕對可以順利過關。但考量後面緊接著難度更高的紐約馬，芝加哥馬就不能太拚，於是二〇一七年芝加哥馬，給自己訂下了高標兩小時五十二分，低標兩小時五十五分的目標。在原來想像中絕對可以達標，但世事永遠難料，往西方取經的路上總是考驗重重。

時差：讓很多人感到困擾的時差問題，因為自己常要出差，算是有深厚經驗，通常在飛機上就會盡可能把時差調好。

天候：比賽當日太陽強、氣溫跳升快，從出發時十四度，三十公里後約增為二十四度，是個得十分小心但仍在預期中的變數。

小犬：這回又是全家出動，除了馬拉松比賽現場，自己全程得曝曬在孩子們無微不至的體（吵）貼（鬧）當中。

意外：萬萬沒想到的意外，是自己會在比賽前四天，被同行的太座大人傳染了感冒。

Mayday! Mayday!

這可是我跑馬以來未曾有過的緊急狀況，因此即使這四個半月來共計一千六百一十七公里的訓練堪稱扎實，但還未跑進芝加哥馬終點前的每一刻，我都高度懷疑自己能跑到什麼程度。

既然是全家出動，除了跑馬那幾小時之外，太座及孩子們要玩的項目可是一項也不能少。跟著在美國定居的大學同學Allen及Phoebe的腳步，買好了「7-Day Ventra」交通卡及「CityPass」門票後，所有能玩的，包括The Adler Planetarium, Sky Deck Willis Tower, Museum of Science and Industry, Shedd Aquarium, The Art Institute of Chicago, The Field Museum, Navy Pier, Maggie Daley Park等，孩子們玩得是不亦樂乎。

自己則是由於感冒，憂慮的心情始終存在，怕嗜睡不敢吃藥，賽前一、兩天窮盡一切手段，包括線上求助回饋日跑團裡的醫生Eric，不斷灌開水、吸蒸氣、吞維他命、補運動飲、包緊全身等，就是希望全力壓住這不速之客。而或許處置算是得宜，比賽前一天和當天感覺呼吸道還算順暢，只餘下「濃濃的痰吐」跟「啞啞的談吐」。

原本規劃芝加哥馬的配速，是類似倫敦馬前後半馬差距在一分鐘左右的穩定配速方式，但考量到天氣和身體狀況，當天的作戰策略微調為前三十公里盡可能跑出最遠距離。如此一來，後面的12.195公里就算出狀況，只要能慢慢跑出04'50"左右的配速，都還是能夠順利破三。

破關路上永遠不缺魔王

休息，是為了「走」更長的路。

賽前一天趁著躲在飯店休息，我花了整整四小時，透過Google Map徹底「走」了好幾次「十九彎二十八拐」的芝加哥馬賽道。（難怪最速賽道被柏林馬奪走，不只天氣不穩定，路線還這麼曲折。）

然而，說著一口好的作戰策略無用，得真正跑到了才算數。當天開跑後我就像個拆彈專家，一路上戰戰兢兢地一關一關拆彈，最奢望的自然還是沿路風平浪靜、一路順風。由於前半程高樓密布，練跑時已發現GPS不準，當天鳴槍後，只能隨時注意大會路上的哩程報數，藉以確認配速是否穩當。

第一個五公里，我就爆衝跑了十九分三十四秒，但由於計畫是前三十公里盡可能跑出最遠距離，在體感可以負荷的狀況下，我也沒太擔心，反倒是鬆了一小口氣，開賽腳步輕盈，狀況還算不錯，只需要不斷提醒自己後面要稍微降速。六至十公里：二十分二十四秒，刻意的壓制之下，總算來到目標配速每公里4'05"以內；十一至十五公里：二十分六秒，此時身體已順，心情平穩，身心已經完全在賽道之上；十六至二十公里：二十分六秒；二十一至二十五公里：二十分十七秒，這十公里是「最流暢」的段落，但凡事見到了「最」字，大概就已經到頂了；二十六至三十公里：二十分三十一秒，進入這個段落後，慢慢需要專注而刻意維持住速度，但幸好三十公里的約定已順利完成。

或許是只設定三十公里最遠距離，讓自己錯覺只要跑三十公里就好，最後果然做到不錯的完成時間：兩小時零分五十八秒，此時心裡先安了一半，至少破三應該穩了；而還沒安的另一半，就在於能不能達成低標兩小時五十五分。也或許是心裡只設定三十公里最遠距離，三十公里過後果然處處掙扎。

三十公里後，體內外的溫度都明顯飆高，全身除了腳下被迫放緩，有一大段耳鳴頭鬨、手麻腳麻的狀況一路相伴。周遭群眾嗑藥式的加油聲不絕於耳，我滿腦子卻只環繞著：「挖洗安怎嘸願意跑！挖雙咖麻去洗馬安怎跑？（我怎麼會不想跑！我雙腳都麻了要怎麼跑咧？）」更慘的是，賽道中除了常有人從賽道中穿越，竟然有急行而過的自行車，至少有兩次我因為自行車從眼前刷過而受驚，受限於我得保留體力，自己必須忍耐並保留出聲「問候」他們家人的權利。

三十五公里後「跑向觀眾席取國旗」以及「別讓病毒傳播者內疚」，成為自己的最佳動力。我一路提醒自己，一定要跑在低標之上，以免造成太座內心不可磨滅的陰影及馬拉松創傷症候群。另外，要在四十至四十一公里處茫茫人海尋求加油團，並領取國旗前進終點，更是讓自己腦袋跟精神可以保持專注的最大動力。

由於四處封路又十分擁擠，為了怕老小行動不便，特別請他們盡量站在靠近地鐵站出口，也就是賽道「Michigan Avenue」左方的位置，而不要繞遠路到賽道右方以免迷路，或因為繞太遠多花時間而錯失碰面機會。當天眼看著Michigan Avenue這麼寬的大道，雖然身體不爭氣喊累，我還是非得多跑些路到跑道左方取國旗。

終於在苦撐之下，我完成了一切的想像，順利取了旗、舉了旗、進了站，也沒有造成任何人的崩潰或陰影。當真是國旗護體有如神助，異國舉旗任務再度解鎖，很開心在沿途多是五星旗飄揚的場域裡，總算也有少數中華民國國旗能顯眼地揚起。

結束芝加哥馬拉松的重重考驗後，我又得繼續回到妻兒們無微不至的體（吵）貼（鬧）之中。讚嘆人父、感恩人夫，這人生好比馬拉松，可也是考驗重重啊！

二〇一七年芝加哥馬拉松密西根大道取國旗實況。

後記

跑完當天或許身體比較虛弱，感冒也加重了，但想到比賽時間剛好接近國慶日，很多跑友都有志一同地讓國旗在異地揚起，看到這樣的景象就是令人開心！

芝加哥馬完成後，世界六大馬進入最後倒數！其實在倫敦馬時，就已經在Abbott World Marathon Majors專屬攤位上見過專案負責人Judee，這回到芝加哥也特別到攤位上跟她打聲招呼。終於聽牌了，她說會再寄六大馬完成填寫表格給我。

Yes! One more to go!

♫一路上要繞過了幾個彎，才能來到最美那一段。♫

二〇一七年芝加哥馬終點線前四百公尺。

——最後，但絕對不是最輕鬆：紐約馬

我的世界六大馬最終站：紐約馬，就在二〇一七年十一月五日的「寒風細雨」與「起起起伏」相互交織下完成。是的，我並沒有用錯形容詞，就是「起起起伏」而非「起起伏伏」，因為我深刻感受到，紐約馬的上坡路段就是比下坡還多啊！走過了這一切，自己漸漸發現，所謂快樂，其實是邁向目標的過程，而非絕然的結果。

路遙遠，坡陡坡長坡多野

經歷前五次世界系列洗禮，整個備馬、跑馬過程都有了ＳＯＰ，即使面對最「冷冽」、最「劇烈」與最「狂野」的最難紐約馬，心裡倒是相當平靜，畢竟過去五大馬中的幾個「最」，不也都被自己給一一克服了。

「**最美**」：二〇一四年東京馬，我的初馬，途經淺草附近，大約早上十一點出

頭，天空飄下皚皚白雪。

「**最瘦**」：二〇一六年波士頓，比賽前一天共走了20,819步，全團腳瘦到叫不敢。

「**最嚇**」：二〇一六年柏林馬，比賽前一天參加完博覽會後，自己拔除參賽身分識別手環，當天被拒絕進入賽場。

「**最餓**」：二〇一七年倫敦馬，早餐攝取不足，賽前餓到跟外國跑者要東西果腹。

「**最驚**」：二〇一七年芝加哥馬，比賽前四天被太座傳染感冒，經驗前所未有，立即啟動緊急應變機制。

由於紐約馬拉松和芝加馬拉松相距不到一個月，非常難調整自己的狀態，而且全程難度遠高於芝加哥馬。原先本來想在芝加哥馬保留實力，以便全力備戰紐約馬，卻因為臨時感冒而不得不在芝加哥馬全力以赴。但畢竟紐約馬是終局之戰，話也就不多說，自己還是擬定了紐約馬的破關目標高標兩小時五十二分，低標兩小時五十三分。

無論如何，氣勢不能讓！

第五大道上紐約公共圖書館外，數以萬計的跑者排成跨越幾個街區的長龍，由一輛輛大會巴士運往Staten Island起點線，壯觀的場景像極了電影《敦克爾克大行動》（*Dunkirk*）裡大大小小的船隻，運送著戰士們前往目的地。唯一迥異的，是我們才正準備站上起跑線，邁向當天的戰役。

我屬於綠區段第一波A欄，同區跑友們都在Verrazano-Narrows Bridge下層橋面進行等待，賽會主席致詞後鳴槍起跑，此時離原訂九點五十分起跑時間已超時兩分鐘，起跑後就是個大上坡上橋。四年三個月訓練以來，生涯共十六隻全馬中，倒沒印象哪一隻馬像紐約一樣，才剛開始跑，雙腿就有感了。

我想這就是所謂的下馬威！紐約馬鐵了心，在一開始就給所有想親近她的跑者們下馬威。

過去的跑馬經驗裡，當起跑後就感覺狀況不好時，有時倒不一定是壞事，因為我們反而更會謹慎以對。畢竟狀況好時，上坡也不是坡；狀況不好時，下坡也會是碎心坡。總之才剛開跑不久，我就已經繃緊神經了。

前一天只花了不到兩個小時研究紐約馬路線，跟芝加哥馬比起來少了許多曲折。三個主線賽道分別是布魯克林的第四大道、曼哈頓的第一跟第五大道，路程相對容易記

二〇一七年紐約馬終點線前，揚起國旗緩緩進終點。

憶。全程最該戒慎恐懼的，肯定是橫跨五個行政區總共五座連結的橋樑，而這一切等到親身上陣後，卻發現除了橋樑，一般道路的坡度竟也常常「急轉直上」。

教會自己在痛苦中享受痛苦

事後回想馬拉松過程，常發現當時有「神迷」（flow）而導致過程快轉的現象，途中唯一能打斷這現象的，不是極痛苦或極歡樂的片段，就是設定的補給點到了。當然，歡樂片段通常發生在終點線後；至於痛苦片段則是無所不在。

對於紐約馬而言，當日最痛苦區段獎：「The winner goes to……Ed Koch Queensboro Bridge.」（我給的中文譯名為「困死崩弱」橋。）她是當天的第三座，也是心理負擔最長的一座，雖然自己清楚知道一定不會被輕易困住，但跑在夾層裡通往橋中二十五公里制高感應點，有著將永遠看不見天空的晦暗感。

馬拉松的最後12.195公里往往是驗證功力高低的時候，而大蘋果的最後12.195公里，更是親近不易。除了後面仍有Willis Ave. Bridge及Madison Ave. Bridge二座橋靜靜地候著，中央公園周遭的高低起伏更像極了不定時炸彈，隨時準備引爆跑者疲憊的雙腳。

也因此，東九十街要轉入中央公園前，右側詩意、左側過億的第五大道，路段看來極其浪漫，但沿途坡度一路向上，讓所有人跑來卻極其緩慢。

養成在國外馬拉松揚起國旗迎向終點的良好習慣後，「跑向觀眾席取國旗」成為自己進入馬拉松後段的最佳動力。紐約馬三十五公里處，自己的完成時間是兩小時二十四分十一秒，追求佳績雖然看來無望，但盡情享受這六大馬的最終站，卻是綽綽有餘的。

第五大道轉進中央公園後，人潮愈來愈多但跑道已漸漸縮小，終點前仍會轉出中央公園到南側的五十九街。五十九街兩側塞滿了加油人群，這同時也是我跟加油團賽前約定的路段，奇怪的是，一眼望去，沿路都沒看到國旗跟太座特製的加油長布條。

在五十九街跑了大約五百公尺，已漸漸接近Columbus Circle，正當自己心想加油團有可能來不及擠進群眾之際，就在不遠處瞥見熟悉的青天白日滿地紅！興奮之餘我順勢斜切過去，並帶著鼓噪觀眾的手勢，希望加油聲能再瘋狂一些，畢竟這已是終局之戰。

如往常一樣，順利接下國旗後的自己不再是主角，而又是個讓國旗能夠隨風飄揚，讓更多人能夠看見臺灣的國旗使者。而同樣的，自己舉著國旗的特寫照，也登上了紐

二〇一七年紐約馬拉松五十九街取國旗實況。

約馬官網精選頭條的第一張，同時還引發了不少對岸網友抗議紐約馬當局。

紐約馬完賽時間是兩小時五十六分六秒，雖未能達標，但在終點前仍能讓國旗隨風飄揚，以及六大馬除了東京初馬後的五個馬拉松皆是破三完成，著實令人開心！

毛毛細雨間，我輕快而扎實地踏著每一步，天候雖然冷冽，但明顯感受到自己全身不斷散發著無比熱力。慢慢地走向Abbott World Marathon Majors專屬攤位，尋找專案負責人Judee領取專屬於六大馬完成者的六星「蜜糖波堤」，拍了照片，獨自漫步在紐約馬終點線後，披著完賽斗蓬緩緩走出中央公園的路上，我不時仰望天空，品嘗一種專屬自己卻又不僅僅屬於自己的滿足感。

我不是歸人，也不是過客，我是個跑者，一個剛完成自己以及許多親朋好友期待的六星跑者！

紐約世貿中心車站Oculus Station。

CHAPTER 9

幫大雄跟胖虎說：「這是我們的國旗！」

真愛，是尊重對方身心靈「自主權」，而非是否掌握其「所有權」。

二〇一九上半年錄製節目《大雲時堂》時，主持人李四端端哥特別跟我聊到參與世界六大馬時所披的國旗與國旗裝。他還開玩笑地說：「哇，你跑的時候披著國旗，這很珍貴。所以你一定要跑完啊，不能半途而廢！」而我則笑著回答：「對對對，所以我不能丟臉。」

臺灣的對岸有個老大哥，老愛吃我們豆腐，長久以來總是壓縮我們的空間，讓我們被孤立於國際舞臺，不但許多國際組織不能參與、國際活動不能發聲，更不用說在多數國際運動賽事場合，我們不能使用國旗，而只能退而求其次使用中華奧會旗。對於其他國家來說，「**在國家與人生光榮時刻展現自家國旗**」這看似理所當然的慶祝行為，對臺灣來說卻是奢求，因此當我們身處國際正式場合，幾乎很難看到中華民國國旗飄揚。然而，與其被動等待國旗飄揚，還不如咱們國民自己主動出擊！於是乎，出國比賽對於像我這類素人跑者來說，就具有些特別意義，我們雖然不是國家代表隊選手，但藉由不同機會，讓自己運用國家的徽記、識別及圖騰等，透過各種形式出現在馬拉松賽場上，自然成了多數跑者「先求帥再求快」的追求。

單就這點而言，我倒還做的挺不錯的。

就算石頭再怎麼堅硬，依然抵擋不住小小樹苗那種向上無懼的生長生命力。

每當「青天白日滿地紅」在各國賽道上飄揚，那驕傲與感動的片刻每一幕都令人難忘。不論是親眼看見，或透過自己雙手讓國旗隨風飛揚，那個片段總能令大家心中充滿悸動與激動，駐足停留許久。更值得開心的是，一旦臺灣人民身處在國外，絕大多數人都可以暫時拋下意識型態差異，讓「青天白日滿地紅」盡情飛揚異鄉的立場始終一致。

不過，最最最需要注意的，正是如同端哥的提醒，既然國旗上身，每個人就是中華民國親善大使，一言一行都得要特別注意，以免加分不成，反而破壞咱們臺灣在外國人心目中的美好印象。

——哆啦A夢的夢幻道具

老實說，我一直都在找這個機會。

什麼機會？

「適時展現臺灣，為臺灣爭取目光。」那怕只有一點點。

當確定前往參加東京馬，我跟一群親友們就計畫著全團穿國旗裝，為臺灣爭點曝光。一開始由瑞華協助尋找合適廠商來製作一件好看的國旗裝，最後我們找了家臺中廠商，直接微調自行車衣款式，最為美觀而又快速。因此特別夥同親朋好友共訂作了三十六件國旗裝，最後由多個家庭組成的國際級應援團浩浩蕩蕩著裝前往東京馬拉松。除了可以幫我的初馬用力打氣，也能順道完成我展現臺灣的心願；更重要的，讓一群孩子們親身參與整個過程，體驗到歡樂的氛圍、體認到歷程的艱辛、體會到運動的美好、體現到臺灣可以無所不在。

自此，「馬拉松」、「家庭旅遊」、「曝光臺灣」三位一體，就成為我們家的一種

二〇一七年芝加哥馬終點前，小朋友遞送國旗給象總。

生活、休閒與教育方式。二〇一四年那霸馬拉松、二〇一五年北海道馬拉松以及世界六大馬，就是「全家國旗跑旅」的最佳實踐。

至於講到國際級應援團，這個團的組成本身也是種美麗的意外。由於太座乃是經過多個具公信力單位認證的路痴，就連身處臺北市都能迷路的她，深怕自己無法在陌生國度順利找到前往終點線的路，所以總喜歡吆喝多個家庭共組國際級應援團。一來壯大聲勢，二來指點明路。

初始那年，應援團的小小成員約在三到四歲，聲勢浩大是不敢說，但萌度絕對是一等一。而應援團的靈魂人物絕對是媽媽們，若沒有她們Hold住全場，這應援團的小小成員們當場必定成為「暴走族」。記得在東京馬初登板時，小朋友們還顯得有些手忙腳亂，但歷經了幾次馬拉松比賽的應援，小小應援團的行動力與榮譽感已不可同日而語。不但眼觀四面、耳聽八方，手腳俐落地揮舞國旗之餘，口中還不忘大聲「加油！」而加油內容包羅萬象，除了必喊「王冠翔」之外，還有「中華民國」和「臺灣」。只能說：「到了海外就是要愛國兼耍萌啊！不然要幹嘛？」

但是小朋友從小到大這幾年來都這麼乖乖配合嗎？不，當然不。

登板：英文為debut，棒球比賽中，菜鳥投手首次上場投球，稱之為「初登板」。

二〇一六年波士頓馬拉松終點線前。（天母鐵汗團Brett提供）

我們的國旗裝在小朋友三、四歲時訂作完成，一開始他們傻呼呼的，給他們穿什麼就是什麼，非常隨和；但隨著參與的比賽場次慢慢增加，小朋友也漸漸長大，不但想法變多，意見也跟著變多，不理解不喜歡的事兒就會主動表示意見。

例如，北海道馬拉松加油團在飯店臨出門前，兒子突然間鬧脾氣問媽媽：「為什麼要穿這件國旗裝？我想穿自己的衣服。」問了問兒子為什麼這麼想，他回答：「在現場加油的其他國家民眾也非常多，比較少看到別的國家的人穿他們自己國家的國旗裝走在街頭。（嗯，開始在認真觀察這個世界。）為什麼我們要穿國旗裝又要揮舞著國旗？我不喜歡人家一直看著我。（哥的帥，走的是金城武低調路線。）」

很高興兒子這麼問了，而其實我們早已討論過這個申論題，只是現代小朋友雖然愈來愈早熟，但在這個年紀就跟他們談「國家認同」、「民族意識」、「政治立場」似乎仍然太深，所以對於國旗無法在國際正式場合飄揚的事情，我們決定採用後來二〇一七年的世大運時，我們對小朋友的解釋方式做比喻：

「你們很喜歡看哆啦A夢，那你們一定知道大雄跟胖虎他們其實都是好同學吧？但是你們應該也知道，大雄還是常會被胖虎欺負霸凌，但是為什麼胖虎一直欺負大雄，

二〇一七年世大運臺北田徑場加油。

即使其他同學看到了也不敢挺身相救？是不是因為胖虎拳頭太大，大家跟他實力懸殊，所以敢怒不敢言？然後大雄常常自己也忍氣吞聲，老是膽小怕事，只有在哆啦A夢給他幾個神奇道具時，才可以讓胖虎和其他同學們暫時放下歧視，而跟大雄一起合作。」

我們繼續跟小朋友說：「臺灣就像大雄，中國就像胖虎，彼此常常因為生長環境不同而產生誤解與衝突。當我們走到了國外，只要有機會能讓外國人知道我們，或是有機會表現自己，讓人家欽佩我們，都是讓我們國家可以被別人認識的時刻。

「當我們很努力在各種競技場展現自己，讓愈多人看到我們，那就會有愈多人願意勇敢站出來當我們的好朋友；而當我們有能力與意願保護自己，我們身旁會有許多朋友願意站在一起，那麼胖虎可能就不會或不敢再繼續欺負我們，甚至有機會跟我們當朋友。

「你們就是哆啦A夢，未來與想像力無限，或許身上沒有『四次元百寶袋』，更沒有滿滿的神奇道具，但我們有大家凝聚團結的心，一起秀出國旗，力挺臺灣，這就是我們最夢幻的道具。有機會時，記得要一定幫助大雄跟胖虎說：『這是我們的國旗，雖然我們不一樣，但一定可以好好相處哦！』」
從結果看來，小朋友們都很愛看哆啦A夢，也都聽得懂這個比喻。因為孩子們後來全都開開心心地跟著媽媽團們一起穿著國旗裝、拿著國旗出門加油去了。

國旗之下，我們渺小而偉大

不論是競技選手或素人選手，在跑步上期待追求個人成績時，身上負擔總是盡可能愈少愈好。不管是體重、體脂或是身上任何配件，隨著實力的進化，大多數人會愈來愈斤斤計較。連同練習期，一路以來在飲食方面的縝密精算，以確保比賽當天能夠全程輕盈。就比如我自己，從初馬時百無禁忌，不只全身衣著滿滿、髕骨帶、腰包帶等配件上身（就讓我跟腰包姐致敬，證明我也曾包過），到後來的五大馬時，將所有累贅一件一件褪去，就是為了能有更好的表現。

也因此，一面正六號長一百四十四公分，寬九十六公分的國旗，重量雖然只有一百一十五公克，但若全程將國旗放在身上，勢必要搭配腰包等其他配件，對於競速需求跑者而言，絕對是個大負擔。況且，都還沒談到全程攜帶時，將會因為選手大量流汗而使得國旗重量不斷增加，對於「期待能在馬拉松終點線前展示臺灣的跑者」而言，就非得需要Plan B：啦啦隊。這時候啦啦隊就得扮演重要角色，要在接近終點處占到絕佳位置，同時必須隨時注意選手動態，適時將旗遞出，讓選手能夠在終點前、鏡

（上）譪玲《幸福相談所》錄影。（下）二〇一七年世大運象總加油團。

頭前，揚著國旗帥氣爆表，喔不，是宣傳國威。

至於選手們，揚個旗看似簡單，卻也是很有學問的哦！比如我自己在第二場六大馬的波士頓馬拉松，賽前並未進行事前舉旗模擬，當自己在終點前四百公尺從啦啦隊手上領取大大的正六號國旗，在帶有速度的跑動中，非常不容易將國旗展開並放置適當位置，光是取旗、理旗到揚旗就花了不少時間。另外，也要特別提醒未來有可能在終點前舉旗的跑友們，不論是在何處取得國旗，千萬不要太早舉起。為什麼這麼說呢？

因為這面正六號國旗面積很大，若在終點前三、四百公尺就展開，跑動時根本像極了大逆風！特別是這時候我們已經狂奔近一個全馬，舉這麼久的國旗根本是種自虐，完全就是過勞再追加重量訓練，這可是會斷臂的！而且咱們舉的是國旗，過程中如果上上下下的，看起來就不帥了。更何況，鏡頭大多都在終點前一百五十到一百公尺，所以當接下了國旗，千萬不用怕別人說：「喂，你怎麼都不舉？」只要調整好方向、輕披上肩等待適當時點，到最後一百五十到一百公尺再優雅地讓國旗飄揚，才是王道！

好幾次的舉旗任務都令自己印象深刻，特別是我們第一百二十屆波馬團員當中，有位長青組選手——中華郵政呂松霖局長，他賽後寫下的心情讓人好感動。每當回想起來，當天的情境彷彿就在眼前，耳邊也不時聽見那天賽道上的呼喊……。

「連續做了好幾年的波士頓馬拉松夢，終於具體實現了！

此刻在紐約甘迺迪機場候機室，雙眼微瞇養神片刻，等候登機返回臺灣。

耳際隱約傳來賽道數十萬民眾的吶喊聲！回想在終點前四百公尺，從我國駐波士頓經濟文化代表處人員手中接獲大國旗之後，那四百公尺的距離，成了我一生中最榮耀最感動的一刻！

當時我腦海中想起抗戰時期，英勇的那位保護國旗女孩。

我真希望賽道沒有盡頭，讓我永遠撐旗宣揚臺灣——我的母親！眼眶中的淚水像潰堤的洪水，讓數萬加油民眾的臉糊成一團。

美國是世界一等強國，波士頓馬拉松是世界最悠久的馬拉松，至今已堂堂進入一百二十屆，而波馬賽道舞臺則是來自全世界馬拉松菁英跑者的天堂路，世界上找得到的國旗都出現在賽道上，每一位選手都想全力衝刺，以榮耀自己的國家。

唯獨我雙手高舉飛揚的這一面青天白日滿地紅國旗，最美麗，最美麗，最美麗！」

CHAPTER 10

來，
跟著象總太太跑步上學

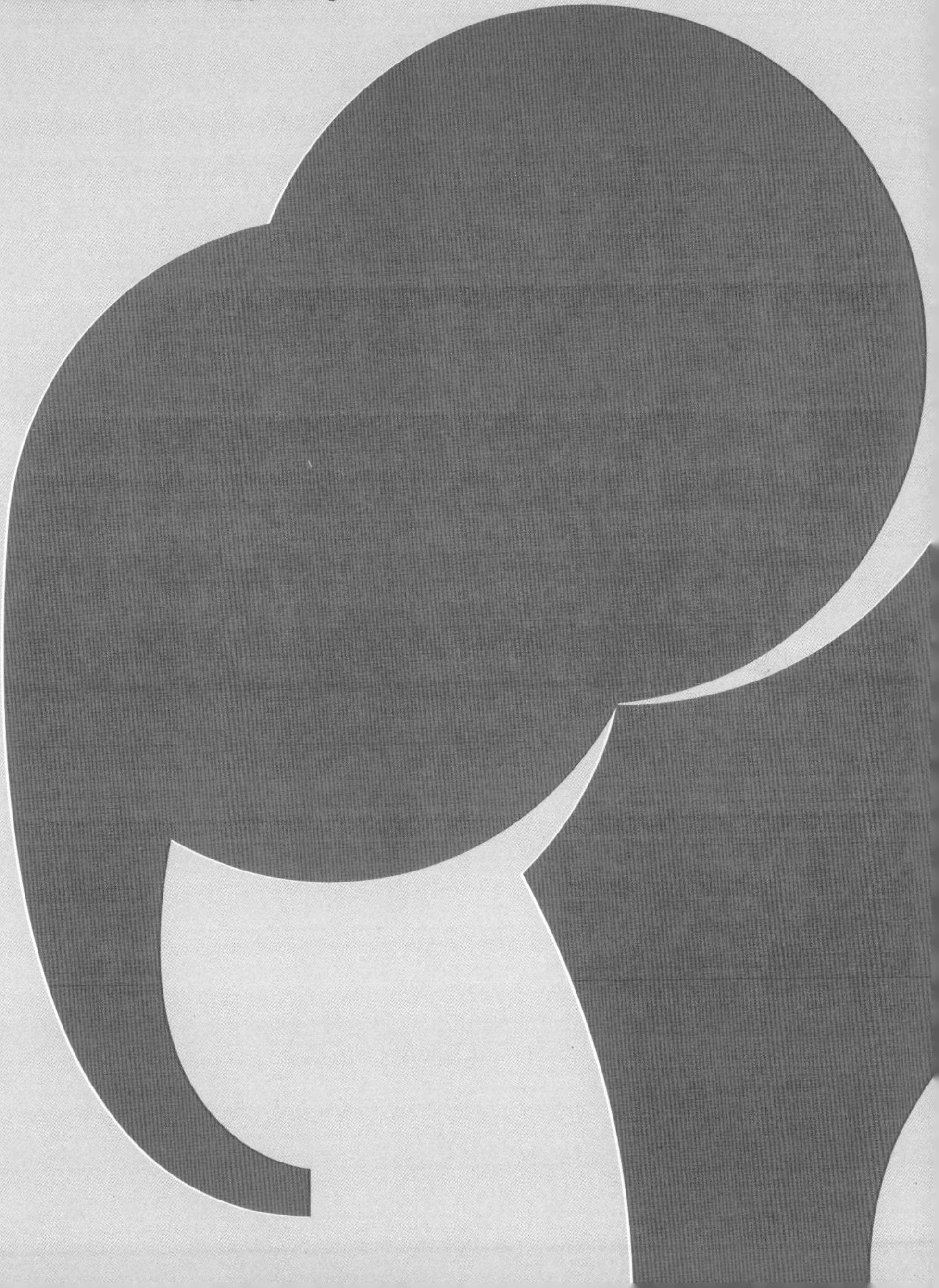

不必非要當別人公主，當別人主公也不錯！

作者聲明：

「本章以下內容都由象總太太Elaine獨力完成，租界區內象總無管轄權，針對內容如有任何抗辯，象總將不動聲色在最後一併答辯。」

——象總太太租界區開始——

二〇一六年十一月，四十歲的我報名「夜跑馬場町」，以兩小時十四分完成了自己的初半馬；三個月後，二〇一七年二月，我在「渣打馬拉松」以四小時五十四分完成了自己的初全馬！

從小就認識我的同學可以作證，一直屬於圓肉形身材的自己，個性也是非常軟爛懶散，能坐不會站、能躺不會坐；更別說國中時就是那種很愛裝病裝貧血，月經前中後都要蹺體育課的女生。自從完成全馬後，雖然不是什麼厲害的成績，但是對於一些根本還沒開始運動，或是成績落後於我的中年大叔們來說，已經讓他們覺得倍受刺激。

某天在一個聚會裡，Maka私下跑來我旁邊，用非常崇拜的口氣問我：「你是怎麼初馬就破五？（當時他的全馬超過五小時嗎？）」我口沫橫飛跟他講述整個驚心動魄的過程後，發現他其實對這些流水帳沒有興趣，因為下一個問題，就是他問我說可以找象總幫助他破四嗎？

說真的，我的第一個反應是馬上勸他打消念頭。一來因為他年紀稍長些，再加上還有個很小的兒子，我認為這樣的男生就好好在家幫忙老婆帶小孩就對了，拚甚麼破四？在我心裡，破PB、破三破四，根本就是一個中年大叔不切實際的幻想。不是說我不相信他們做不到，而是我知道即使要超越自己一分鐘，都需要好幾百倍的練習時間與努力。這樣的投入在我看來，還是好好陪家人比較實在。（根本就是一個憤青老婆的投射。）

後來，我又接到許多詢問的電話，巧合的大多是老婆幫老公詢問的，我才知道自己成了很多大叔們的勵志故事。他們看我一個女子，滿身肥肉也不精實的樣子，竟還能以不差的成績完賽，甚至還有大叔們私訊象總，說完全被我刺激到不行。

國中同學的老公Eric，是個面惡心善的仁醫，熱愛跑步卻總無法完賽。每天聽他老婆提到我這位軟爛的國中同學完成全馬的事蹟後，也想拜求這位能化腐朽為神奇的象總訓練。然而，當時老公也正為了六大馬的完賽如火如荼自我訓練中，在我的淫威下，逼他把唯一休兵的一天，對，就是星期一，捐出來指導我朋友們練跑。於是這些需求不滿、憤世嫉俗的大叔們通通被象總集合在星期一晚上這天練跑，象總的「週一回饋日」於是成型，而首位門生Eric也成了象總征戰六大馬的最佳醫療諮詢。

所以呢，大家都以為這些「學員」是來追隨象總的，哇哈哈！其實他們根本都是我的粉絲，那種離凡人太遠的人是無法激勵大家的，完全是我這樣的人才會激起大家不服輸、想要挑戰的欲望，所以我認為真正的女神應該是我。

既然這個團因我而起，我當然不會讓象總用平常荼毒我的方式訓練大家啊！人生不用這麼苦的，而且我最痛恨男生拋家棄子去練跑，所以我們邀請大家把老婆小孩全家一起帶來，很多「腹愁者」聯盟的「胎胎」（太太）們都是從快走開始，然後轉移目標，推坑小孩一起。（孩子是國家未來的希望，我們訓練他們就好了。）

不過話說回來，最近跑團紛紛傳回佳音，大家也都陸續達成了人生第一個十公里、半馬，以及全馬完賽。甚至有四位取得ＢＱ（Maka的ＰＢ是三小時二十五分，完全超越我了），就連團裡的小朋友們，也都已完成小鐵人了。

一個被家庭耽誤的驚奇隊長

象總從二〇一三年三十七歲起開始接觸馬拉松，在這之前他本來就是運動狂熱者（籃球、網球、棒球、壘球、壁球、小白球等），而且各項運動他都是利用跑速取勝，但也常常受傷。所以當他開始練跑後，我覺得這個運動還蠻安全的（雖然也曾一度跑去玩三鐵和登山），如果受傷頂多是夜跑視線不好掉到水溝吧，所以也就支持著他。

接著他跟所有的初階跑者一樣，想去國外跑一下，幸運地抽到了東京馬，那是他的初馬，也是我初次當啦啦隊的馬拉松。之後他有天立定志向，跟我說他想去挑戰波士頓馬拉松，那是素人跑者遙不可及的夢想。在還沒達成這目標時，他又向我宣布了他的新目標：「想在四十五歲前完成世界六大馬（原本預計花七年）。」這些目標對當時的我來說，都覺得只是個中年大叔不切實際的幻想，雖然心中對達標率充滿了許多疑問（能力、費用、工作、家庭等待解決的問題），但也就把這些問題留給大叔自己去盤算。

二〇一七年勵馨公益基金會VMEN路跑。

二〇一四年象總完成東京初馬後，他突然取得了二〇一六年波士頓馬拉松的資格，能在四十歲挑戰人生第二個六大馬，也是最知名的波士頓馬拉松，讓他信心大增！（因為已經直接越級打怪了！）接著二〇一六年柏林馬及二〇一七年倫敦馬都是沒有特別強求卻因緣際會得以完賽，最後一鼓作氣在二〇一七年十到十一月完成芝加哥及紐約馬。從東京初馬算起，花了近四年完成了六大馬，比預期提早了三年達成，真是意想不到的結果。

回顧這四年，孩子從老二小班一路跑到老大三年級，跑步之外的人生像是跑馬燈，沒有停止運轉過，跑馬過程也記載了我們人生中深刻的家庭與工作起伏。

象總在跑，我可也不得閒，身為一個專業的啦啦隊長，跑馬有很多細節要注意，啦啦隊要知道的眉角也不少。這幾年我在一次一次的國內外跑馬兼旅遊規劃中成長了不少，練就了許多功夫——動態攝影、行程規劃、飲食打理。

有鑑於剛開始在終點線加油時，光是「從茫茫人海中在對的時間到達對的地點，然後迎接我們的選手」已經是項艱鉅的任務，通常看到選手的身影從遠處奔來時，都是充滿著興奮與激動，然後尖叫大喊他的名字，然後……就結束了，沒有留下任何身影紀錄，只留下一場空虛，所以之後我也開始試著拍照及錄影。

首先，要能夠很快速的在穿著類似的人群中辨識出我們的主角，我採取的方式是清晨天未亮，選手著裝出門前先來一張全身照。通常這時其他加油團成員還在夢鄉，但為了讓大家知道要如何找到選手，我想出這個方法，增加大家的辨識資訊，等到在終點線附近時，好幾雙眼睛一起掃射跑道，小孩的高度大多是認襪子、鞋子，大人則是可以看帽子、衣服。此時我的相機早已經對準焦距，準備開始錄影，並且已經先對著其他選手試錄了幾段，確定焦距、角度、聲音，以及記憶卡都正常運作，最後在眾人都激動尖叫呼喊著選手名字時，攝影師要保持呼吸、維持手部穩定，才能成功錄下歷史性的一刻。

這個任務能夠完成，必須要有多方面的完美配合，當然最重要的是，選手可以精準預估他抵達某個事前也不太能確定是否可以進入的地點和時間。有一次我們找到的拍攝位置在轉角處，較難事先看到選手入場，表姊夫自告奮勇說要到拍攝處前面五十公尺等候，等到看到主角時再跑過來通知我們開錄，想不到在他看到主角身影後，他不敢怠慢地跑來通報時，象總幾乎也已同時抵達！事後姊夫上氣不接下氣地說，這五十公尺真的是他人生爆發力破表的時刻。（因為他也必須三分速啊！）

拍攝重點當然就是在終點線前拿著國旗的英姿，這部分也是需要專業的事先規劃。首先要安排有人遞旗、練習如何取旗，然後張開旗子跑進終點。波士頓馬拉松賽前一天下午，我們一行人先到賽道熟悉環境，並約定隔天領取國旗的動線流程，雖然我們選在Apple store這個顯眼的位置，但還有個小階梯加強考驗，都跑到快筋疲力盡了，有人還差點因此抽筋、扭到，但能在這裡彰顯自己的國家，卻比個人成績勝敗還更是重要。

領旗後奔向終點那一刻的衝刺，是最完美的狀態，尤其是明明已經很累了，拿著國旗跑，面臨風阻變大還要緊緊抓牢，國旗才不會飛走，一切都在終點線前加強對跑者的考驗。可是拿到國旗後就彷彿是吃了亢奮劑，會一直想要往前衝，因為這是國家給他們的力量！

距離終點其實還有四百公尺，手要一直舉高，實在非常痠，但一堆攝影機環繞著又不敢放下。我攝影時看大家的旗子不是張不開，就是整個臉啊、頭呀，都跟旗子糾結在一起。搞了半天我都快急死了，畢竟他們旗子沒打開好前，我不敢停止攝影，但人又都小到快跑出鏡頭視線外了！所以我說賽前一天是不是很重要呀？大家應該好好認真練習一下。

孩子還在幼稚園時，出國旅遊可以說走就走。所以東京馬拉松的時候，我就號召幾個家庭帶著孩子一同前往。雖說大家是為了要幫象總加油而成團，但身為加油團領隊，我怎好意思讓大家這麼幾天就真的只在Expo、終點線及飯店度過呢？行程安排上，為了配合選手先適應環境，通常會提前幾天抵達，訂的飯店則是以靠近出發點為主，所以通常一確定取得參賽資格，就會先立刻上網訂房，以免晚了訂不到。而且一定要在第一天，就讓跑者到Expo完成報到才能安心，到賽道先行勘場也是重要的行程之一。在賽前幾天的行程會以搭車、減少走路為主，而比較偏遠的行程則規劃在賽後，才不會到處奔波。確定幾個大方向後，旅遊景點就會以這些目的為主，再往周邊發展。

另外就是事先約定在終點線等候這件事，沒有經驗的我們在二〇一四年東京馬拉松時，約定了一個選手可以到達真正「終點」的時間會面，但是出發時，啦啦隊成員有人忘了調整時差，整整睡過頭一小時，加上錯估小小孩的行走速度，中間還要打理小孩午餐與突如其來的尿意，更驚嚇的是，事前完全不知道許多道路封閉，想當然爾，我們根本也無法進入終點區。

此時我們似乎也與約定的時間完全錯失，站在一個不確定選手是否已經通過的地點，根據一個雙方都不是很確定能否相遇的時間（因為是選手的初馬，一切都是第一次），我們在零度下雪的東京街頭，帶著加油團裡最小、不到一歲的北鼻等待著，僅僅等了十多分鐘卻彷彿一小時之久。雖然身為初馬選手另一半的我心中沒有停損點，但是身為領隊的我，當下決定頂多在寒風中站二十分鐘就得要收隊。非常幸運地，我們看到了身穿國旗衣的冠翔，十幾個人大聲呼喊著他，當時心情真的非常激動，完成這項「加油」任務是我人生驕傲事蹟之一，因為真的太高難度了！

後來我們帶著孩子到芝加哥馬拉松加油時，雖然事先已有住在美國的同學前來接應，也查詢好步行路線，仍不免遇到沿線多個地鐵站因比賽而關閉的臨時狀況，但因為有了經驗，提早準備，讓我們有充裕的時間抵達終點。

後來，孩子上小學了，不像幼稚園時期可以打包、說走就走。雖然我們不是很注重成績的父母，但是孩子卻很擔心請假後，功課補不完，於是最終馬——紐約馬拉松，我就自己隨象總而行，沒有帶小孩了。

選手的飲食安排，通常是我們夫妻倆爭吵的來源。起初沒有在跑步的我並不知道賽

二〇一九年CT113鐵人三項接力賽。

前補給的方式，常常為了哪些食物屬於「碳水化合物」而爭吵不休，加上雖然我是選手經紀人，但同時也是加油團領隊，雙重身分總是兩難。例如我們一行人到了東京，當然要幫團員安排最好吃的生魚片大餐，此時就會看到象總一整個臭臉，不是因為沒有補對食物，而是暗暗生氣我安排了一個他「看得到吃不到」的美食。所以在參加波士頓馬拉松時，聽聞熱心跑友富哥號召揪團，由富哥擔任團長，幫我們評選旅行社組團，並以選手的需求為主來規劃行程。這場這麼重要的賽事，有專業團長擔負重大的行程規劃任務，立刻歡天喜地的報名。以往老公賽前總是因情緒緊繃而陰晴不定，對我這個業餘隊長兼領隊安排的行程有諸多意見，但波士頓馬拉松有很多人一起背書，選手本人也就不會直接忤逆我這個隊長，整個人的壓力真是減輕不少。

由於這幾年恐怖攻擊事件頻傳，象總參加的美國三場馬拉松，安檢都很嚴格。不要說跑步的選手有壓力，咱們啦啦隊也是用生命在加油的。經歷之前爆炸案事件的波士頓馬拉松，賽前一直有許多傳聞，尤其前一天去賽道勘查時，終點線附近有標示爆炸案的現場及罹難者照片，看了實在很令人不安。出發前，象總好心交代我，加油時不要站在人多易成為爆炸目標的地點時，把我好不容易重建的信心擊敗了，讓我瞬間潰

堤！比賽當天，出入每個閘口都有嚴格的安檢，氛圍和一般的馬拉松比賽截然不同，

幸好當天我跟隨夫人團一起在Apple store階梯前等候，多了一些安全感。

這麼冒著生命危險相挺象總跑馬拉松，我覺得自己實在太偉大了！

——秀才練成兵，全馬奇蹟說不清

身旁有著一個對跑步重度熱衷的人，其實一點也沒有打動我想跑步的念頭，如果真的要說，只是讓我更抗拒而已，尤其我是一個這麼不愛運動的女生。

開始跑步完全是好奇心使然，好想知道每天花幾個小時在跑步的人，在練跑的時候到底在想什麼？當我完成全馬時，我的好姊妹也問了我一樣的問題，她同樣也沒有在跑步，但是卻極度好奇。答案沒有什麼特別，我從開始跑的第一公里就在想著，到底終點還有多遠、時間還有多久，根本無暇想其他的念頭。

開始跑了半年後，仍然沒有動力去報比賽，直到跟隨象總參加了波士頓圓夢之旅才開始有了轉變。能夠參與這趟大多數團員的圓夢之旅，除了覺得幸運也感到光榮，這段旅程中，對我來說，看到的不只是榮耀的一刻而已。在這說長不長說短不短的幾天相處之後，大家從跑步聊到工作、家庭、婚姻、孩子、退休計畫，甚至談到跑步的哲學、人生的輸贏成敗、練跑的心路歷程等，都讓我獲益良多。雖然人家說練跑的過程是孤獨的、自我的，可是跑馬的人生卻是相愛的、共享的。那次回國後，我不再對於追求比賽挑戰嗤之以鼻，為了自我實現，我終於鼓起勇氣報名了半馬（在我練跑十八個月後），接著三個月後完成了全馬。

千萬不要相信有人跟你說他沒有練習就完成一件事，每場賽事的背後都有跑者深刻難忘的故事。第一場半馬，我就拿到了分組第三名（可能很少有熟齡大媽來報名這種時髦的螢光夜跑），本來我還覺得自己拿得僥倖，所以不好意思上臺，想不到兒子很激動地對我說：「吼，你幹嘛不好意思上臺領獎，第三名超厲害的！」人生第一次被兒子崇拜的我，覺得這比得到什麼大獎還要值得，從此我暗自下定決心，為了兒子要一直跑下去。

跑步對我來說，不是跑多快的問題，那從來不是我所追求的目標，正是因為跑不快，在這漫長的過程中要如何面對許多突如其來的變數（心智大崩潰、大姨媽來訪、天氣酷熱挑戰）而不棄賽是一門功課。擁有許多在馬拉松終點前擔任啦啦隊經驗的我，看過許多在終點前幾百公尺只存一口氣的跑者，深切體悟，跑到終點是多麼需要意志力的一件事，然而除了自己，沒有人能叫你放棄。

我的初馬選擇了自己挑戰，而沒有找象總或其他朋友陪跑，理由是，這是我的馬拉松，由我決定速度。（我才不要有人在旁邊碎碎唸！）

當然，我沒有那麼厲害，整段路程我還是按照著教練給我的配速及水站指示補給。不過，教練很機車，配速表只給到三十公里，接下來都是一片空白。就在我身體與心理都到達臨界點的時候，抬頭一看剛好是三十公里，困惑的我此時看到老公從遠方走來。

原來當天也參賽的他，在完成了他的全馬後，回頭過來找我並且陪我完成了最後十公里，一起抵達終點。

還記得到了終點時我對著他放聲大哭！當時的心情五味雜陳，我終於完成了這個目標，我終於向自己證明了「堅持就能成功」這件事。

二〇一七年渣打馬拉松象總太太初馬過終點。

與KK—Vivia相遇於國手之道。

——他們在上學前一刻爆炸

孩子們的爸終於等到孩子們上小學，可以帶著他們一起跑步的年紀，他們從小看著爸爸征戰各場比賽，對於運動的人生哲學還似懂非懂，卻很熟悉爸爸對於平日運動訓練的嚴謹與不妥協。

練跑前一天準時就寢、準備服裝配備、選擇餐點與進食時間、遵守課表，及規劃雨天備案（下雨從來不是休息的藉口）等，這些比速度距離還重要的事情，爸爸和他們早早就約定好了。

兒子似乎得到爸爸的真傳，對於跑步頗有天分，也有興趣，缺點是對於結果輸贏過度在意；女兒則是得到媽媽我的真傳，對於運動興致缺缺，每次跑步都是一臉臭臉，負能量爆棚。

象總曾受邀參加勵馨公益路跑，主辦單位規劃我們全家一起完成五公里，那算是兒子人生的第一場正式賽事，恰巧活動當天我早就跟閨密們約好出國旅遊，於是就由爸爸一打二，帶小孩參加。當天天氣不佳下著大雨，女兒很軟爛一直跑不起來，另一邊競爭性極強的兒子一直要衝出去奪冠（最好是可以奪冠啦！）但是身為路痴的兒子不敢自己跑，爸爸評估如果先帶兒子衝線，賽道只有一條路，放下女兒讓她自己慢慢走到終點也是可以的。畢竟這是兒子人生第一次的路跑，如果能有好成績，可以提高他的成就感，「以賽養戰」對日後的訓練也會有幫助。可是最後爸爸跟弟弟說，一家人要一起走，然而因為雨太大，女兒真的跑不下去，於是三個人走到一半就棄賽了。

為了這件事，兒子既失望又生氣，因此咒罵了姊姊一個月，每天看到她都說是她害他不能得第一！可是我們告訴他，家人同在一起更是重要，以及「競爭不是唯一的選擇」。

我相信這對象總來說是很難的選擇，他的人生從來沒有放棄這件事，他也是求勝心很強的人，過去他甚至難以理解我們這些柔弱的人，口中說不行真的就是不行。但是有了孩子之後，他的心也變得柔軟，慢慢能夠理解有些人就是有極限，就是逼不得。當天賽後我在電話中聽他們述說這件事時，其實原本也以為爸爸會拋下女兒帶兒子完賽，想不到三人最後一起棄賽了。不過我心中仍是很感動，覺得爸爸做了對的決定。

這也讓我想起之前有個關於馬拉松的真實故事，二〇一六年里約奧運女子五千公尺預賽中，美國選手達戈斯蒂諾（Gaetano D'Agostino）和紐西蘭選手漢布琳（Nikki Hamblin）雙雙絆倒，但美國選手起身後不是繼續往前跑，反而停下來關心紐西蘭選手的傷勢，最後兩人互相扶持，一起跑到終點。不同於拚命競爭的念頭，這一雙友誼之手才是真正的奧運精神！

——以上為象總太太租界區——

象總答象總太太書：

因為租界區內容是由象總太太操刀，有些描述上看起來怪怪的地方，可得讓我來答辯一下。

♫怎麼忍心怪妳犯了錯，是我給妳自由過了火。♫

1. 象總平常並不會隨便荼毒別人：想運動的大眾們也不用太擔心，不是所有人都得挑戰半馬、全馬，也不是所有人都得朝專家邁進。運動可以無處不在，隨意找段路

波士頓馬拉松加油團品嚐龍蝦。

來快快走上一段、扶著樓梯走上去再坐電梯下來、雙手拿者水瓶舉上舉下，對於「腹愁者聯盟」的成員而言，只要動起來，處處都是生機！

2. 針對這位胎胎提及：「二〇一四年象總完成東京初馬後，他突然取得了二〇一六年波士頓馬拉松的資格。」並沒有「突然」好嗎？麻煩請仔細看一下第六、第七和接下來的第十二篇。那段日子裡，當這位胎胎跟小朋友們才要準備起床時，我可能已經結束自我訓練了。

3. 「教練很機車，配速表只給到三十公里，接下來都是一片空白。」報告這位胎胎，並不是教練機車，而是學員連初半馬還沒跑過，就先報名了三個月後的初馬，但自己練習又還不到位，因此針對該學員的三十公里後根本無法預期，教練給不出配速表；而且，本象早就打定主意自己完成全馬後，再回去幫該學員配速回終點，以免學員落馬怪教練，但莫名其妙就是教練那天被迫跑了個「超馬」！

4. 「恰巧活動當天我早就跟閨密們約好出國旅遊」，並沒有這麼恰巧好嗎？這個局，這位胎胎大概布了一年之久。胎胎參加追星團，本象只好在淒風苦雨中以一打二，遇到姊弟倆實力差距這麼懸殊，也只能放棄跑完五公里，但實際上我們每個人最後都還是跑了四公里喔！

5. 象爸不是虎爸，會開始讓孩子每週一到兩天跑步兩公里上學，最大原因是希望他們學習自主、惜福。當某天他們缺乏資源時，自己就會是自己最好的夥伴；當某天他們獲取資源時，會懂得由衷感謝天、感謝他人，讓他們從跑步中，學習人生中沒什麼是理所當然的。（詳情請參考下一節：「番外章：你的孩子不是你的孩子」，那是我寫的，一切衝著我來吧！）

之所以會開始讓孩子們每週一到兩天跑步兩公里上學，最初的想法其實並沒有那麼「正向樂觀猴塞雷」，真正的原因在於自己深深覺得現代小朋友常常人在福中不知福。例如，一早從起床、盥洗、更衣、早餐到出門，拖拖拉拉，認為父母的即刻送達是理所當然；食、衣、住、行、育、樂等樣樣不缺，卻不知一切得來不易，還不懂必須心存感謝。

有一天，當累積的怒點爆了，我決定跟孩子溝通，把原來晚上的跑步訓練改到早上，開始讓他們每週安排一到兩天，跑步兩公里上學，最主要的目的就是希望他們學習自主、惜福。

兒子是個「偏鋒小子」，過動又愛運動，特別是跑步，但不愛游泳，愛騎車。非常自動自發，凡事能快就不願慢，競爭血液在體內滾燙，但缺點就是對於沒信心的人、事、物總是瞻前顧後，比如他就是個路上好漢，水中「好憾」。

女兒是個「中等美女」，對運動無情無怨，游泳表現不錯，不愛跑步，還算喜歡騎腳踏車。樣樣通、樣樣鬆，為人處事常常得旁人用力推她一把，因為她生性就是能慢就一定不想快，過程常佯裝很累，但最後都會來個狠狠衝線加笑容滿面。

兩人對於運動，總是各擅勝場，時常各擁其好。

萬萬沒想到，象總太太狠度百分百，某日心血來潮說：「爭什麼，摻在一起做小鐵人不就得了？」當下立刻就和「週五回饋日」的地方媽媽們合謀，幫這群半獸人們報名二〇一九年四月「臺東活水湖」的小鐵人賽。

這下子可刺激了，結果如何先不論，過程並不如想像中順遂。

特別是「現代小朋友」可是很有主見的，面對自己不擅長或不喜歡的項目，抗拒與反動都不可能隱藏、忍耐；而身為「現代家長」，我們同樣也在過程中學習理解、溝通與調適，並跟著小朋友一起進步、進化。

再者，期中考在比賽之前，所以期中考前幾天，幾位朋友不約而同問我們：「快要

象總兒子跑步上學實況。

象總女兒跑步上學實況。

考試了，鐵人訓練是不是要先暫停了？」「是不是把時間挪給小朋友溫習一些測驗、評量？」

很遺憾，答案是：「完全沒有。」

我們完全沒有停止練習，也完全沒有溫習測驗與評量。對象總和太太而言，從小到大，身經滿滿的填鴨式教育後，希望至少在孩子的小學階段，讓他們當個「快樂的中等人」就好，在各方面提供他們多元嘗試，成績只要不特別離譜就好，也不用太過靠譜。

如果說特別期待的，就是希望他們從小打下運動基礎。至於有人問：「是不是要在運動方面出類拔萃，未來成為一方好手？」我想答案還是一樣：「體驗就好，過關就好，開心就好。」

其實小鐵人成績如何完全不重要，鼓勵小朋友在現階段走出舒適圈，反而是重點中的重點。

我期待，不論是小朋友或我們大朋友，在過程中實證一種價值觀：「**人生就是不斷挑戰舒適圈的動態過程。**」

二〇一九年四月二十八日，臺東活水湖小鐵人賽結束，最後結果並不是常見的勵志故事。女兒如預期的順利完賽，但兒子卡關在第一項游泳，而無法繼續他最強的路上項目。

這回，因為同伴們都沒拿浮標，兒子在思考過後，自己決定要跟大家一樣不背浮標下水，但途中因推擠嗆水而被撈上岸，因此不能進行接續的最強兩項：路跑和自行車，他私下覺得相當難過。

然而我非常認同並支持由小朋友自己做決定，自行面對成功或失敗。

尤其在人生剛開始的這個階段，成功或失敗並不重要，早點成功不見得是好事；同理，早些失敗也不一定是壞事。

還記得二〇一二年鐵人賽，下水時我還驚懼地緊握浮標不放，那年我已三十有六；來到二〇一九年，兒子的活水湖小鐵人初體驗，剛滿九歲的他，賽前帶種地決定不拿浮標下水。賽後他嘴裡嘟囔著下次要討回來。討不討都好，我只希望成功或失敗由小朋友自己來定義，至於怎麼討、何時討，也是一樣，就讓他自己決定囉！

鈴鈴鈴！

來自士林林小姐call in提問：「準備跑步時，若是下雨怎麼辦？」

首先，除非颱風、暴雨、雷電或身體超恙，否則跑步本身和下雨是兩碼子事，你跑你的、它下它的，沒有不能跑的問題。

尤其對我家小（半）學（獸）生（人）而言，就更沒這個問題。

因為，我們有幾個防雨祕密基地，其中一個就是在住家附近的「跨堤平臺下方」，考量到他們還要上學，不可以全身溼答答，我們就會比平日早起十五分鐘，改在祕密基地跑跑。

最後，甘蝦士林林小姐的call in。

（上）小朋友跟著象總跑步上學。（下）下雨跟跑步沒有關係。

CHAPTER 11

原來這就叫「大師兄回來了」

人生，開局每每盼自己說了算；結局往往勸自己說算了。

「一輩子只要試著將一件事做好，就已經夠好了。」

回想自己從學生時代以來，始終沒能徹底實踐這個理念，生活裡凡事東在乎西在乎、這也要那也要，最後卻什麼也沒做好；而經驗上更是非常恐懼萬一全力以赴後仍是失敗，所以寧願在過程中假裝一副毫不在乎的樣子。

說穿了，根本是個不願承擔失敗的「魯蛇」（Loser）。

直到二〇一三年八月開始練跑後，我清楚感受到跑步是如此單純而直接。平時儲蓄多少，當你要提領時大概就能還你多少，進而慢慢養成自己的習慣，或者說是重新加強、建構自己最喜歡的態度：「**凡事只要盡力，結果交給上帝。**」因此不論工作、講課、打球或跑步，我都會認真準備，認真表現，不論結果好壞。

也因此，每一次球賽，我都全力拚搏。當然，全力以赴並不是沒有副作用，常常就

北大長跑幸福組團練。

會因此受傷，就像跑完六大馬後為了爭取全國EMBA壘球賽榮譽，黃金右腳再度撕裂傷後，就只得看乖乖看醫生。而受了傷的男人，往往沒有回嘴權利，常常事後就只能硬著頭皮，耐心地聆聽關心我的人對我「唱RAP」。

除了初馬東京馬，之後五大馬，我都能以「破三」完成。雖然這其實沒什麼，很多人都做得到，但對我而言，真正的重點在於完成的背後，經歷扎扎實實共五十一個月的練習，足足累積至少一千八百小時的努力與犧牲。而光是跑步的單項訓練，就超過一萬兩千六百公里；近年來幾次的五公里測試約為十七分二十多秒，甚至遠遠快過於二十年前當兵的自己。

事實擺在眼前，我們要比較的對象，永遠不是別人，而是前一秒的自己。與其汲汲向外界證明自己，不如悄悄朝內心挑戰自己，就算這個當下遭遇了失敗，那又怎樣？

我來說個勵志的笑話給大家聽。

大學時期，我曾將一位英文超強的同學設為「超越目標」，從設定那天起的三年，我每天聽《空中英語教室》廣播節目，扣除沒有廣播服務的週日，幾乎全年無休。

一九九七年某天，一位國外學者來校暢談亞洲金融風暴，學者當天究竟講了什麼我早忘光了，但我永遠記得會後Q&A氣氛非常踴躍，前兩位發問的同學全程以英文發問，而這也激發我驗收練功成果的念頭。

毫不遲疑，在全場近兩百位師生面前，我舉起了右手，等候主持人寵幸，而主持人也默契十足地臨幸了我；我毫不扭捏地起身發言：「Thanks for the opportunity……」我忘了當時精確提問的內容為何，不外乎就是詢問對臺灣的後續影響，以及該如何因應之類的問題。

但就在我問完後，主持人與主講人對看一眼，稱職主持人拿著麥克風，面露微笑地對我說：「同學，要不要用中文講一次，我幫你翻譯？」當下我知道他們沒聽懂我的英文提問，雖然我還沒練成英文，但已經勇於在眾人面前挑戰自己。

我依稀記得當時加速的心跳聲、急速漲紅的雙頰，以及鬧烘烘的現場，但打從那次之後，我再也不畏懼任何場合的心跳聲。

——學會堅持前，試著先學習放棄

隨著人生走到中段，我逐漸意識到，自己仍有機會去落實「堅持到底」這個自己從未貫徹的理念。而這個機會就彷彿在馬拉松過程中，長長的補水站即將過站，自己遠遠看準了兩側僅存有限的水杯，經過時伸手緊抓，扎扎實實地將水送入口中，並甘之如飴。

於是自己設定了目標，全心專注過程而先不去思考結果，就這麼按部就班、實事求是地進行訓練，日復一日，年復一年。

但要想完成夢想，總忍不住問自己：「這樣就夠了嗎？」**「這樣就夠了嗎？」心存疑惑時，多用疑問句挑戰自己幾次，當下很容易就會有答案了！**

「不，還不夠，堅持到底之前，我還得先學會『放棄』。」

放棄慣性

這五十一個月期間，當別人按掉七點第一次的起床鬧鈴暫停鍵，我卻是在同時按下當日訓練完成的儲存鍵，回家準備送孩子上學；當別人下班回家癱成「沙發馬鈴薯」（Couch Potato），我卻趕著從會議上的七葷八素轉換成課表上的指定配速；當別人剛教（咒）完（罵）已哄睡小孩，準備在沙發或床上盡情休息，卻是我前往河濱或操場用力喘息的最佳時機。每個人每天都只有二十四小時，而我只是盡可能有效率地變換頻道，並努力催眠自己：「我有二十九小時。」

我也時常喘不過氣，只是我總會要求自己，將工作與家庭中令自己喘不過氣的狀況，乾坤大挪移成目標配速所需要的用力呼吸，並試圖將我有限的耐心在跑步上發揮到極致。

我不斷提醒自己：「如果只想著快快做完，等事情做完了，事情真的就完了。」因為**「優秀」不該是一種先天特質，而是一種只要用心都能夠後天養成的習慣**。

放棄熱愛

對過動兒而言，最痛苦的莫過於叫他不准動，特別是在自己愛慘了的運動。為了世界六大馬，我學習到非得暫時放棄網球、籃球、棒壘球等從小到大的最愛。其中網球與棒壘球甚至都是以二十年經驗為單位，過去每週必定聚會的運動項目。尤其這四年多來，我從未因為馬拉松訓練受傷而中斷課表，卻曾因為代表臺科大EMBA參加壘球比賽，導致腿部數度拉傷而中斷訓練。因此面對世界六大馬這種長期系列賽，我只能選擇暫停熱愛，以避免不確定因素發生而破壞長期計畫。

在跑馬的過程中，更深深感悟從傷病或低潮逐漸找回平衡狀態的自虐過程，總是很有戲。

技術不難，身體仍存在過去練習的記憶；
心肺稍難，但逐步強化練習質量就好；
肌力較難，除了逐步擴量又得小心代償；
什麼最難？練心最難！
要你停止、能阻止你前進的永遠就是自己。

象總週一回饋日生日驚喜。

放棄美食

維持運動習慣不就是為了大吃特吃時，眼睛眨也不眨一下嗎？

畢竟我從小就是個大吃貨！

從小熊軟糖、凱撒沙拉、雞排、可樂果、鹽酥雞、卡啦姆久、檸檬紅茶加波霸、Häagen-Dazs草莓口味冰淇淋、太珍香豆干蒜條子口味等，都是我的最愛。特別是Häagen-Dazs草莓口味，從她還是一品脫一百多塊，我就時常一股腦買了十多盒放在冰庫裡等著自己翻牌。但追求六大馬的過程中，為了讓身體達到一種適度平衡與相對完美的狀態，我會選擇在比賽來臨前一個月，徹底禁斷。

其實我的喜好總是單純而執著，即使是這些幾十年生成的偏好，過去只要吃起來就不想停、停不住的，練習馬拉松後的自己，都會依照比賽時程進行飲食調整。更重要的是還可以證明，面對「需要」和「想要」，我不會被綁架與制約。

你說我絶情嗎？恰恰相反。

凡事過猶不及，面對生命中愛透的人事物，緊緊抓牢並不是唯一解答，展現適度的節制才是真愛，能夠靜靜地忍受旁人見不到的孤獨，才能品嘗人生。

常有人問道：「真無法想像，你怎麼能長期忍受馬拉松訓練過程的辛苦？」自己總是千篇一律、果斷地回答：「施主您有所不知，比起跟小孩們長期搏鬥的酸甜苦辣，這點苦，算什麼？」

——逃避雖可恥，但有用

在跑步的過程，會接觸到不同的跑友或社群。樹多必有交枝、人多必有得失，身處群體之中就免不了有很多相互比較、互相傷害的情況，良性發展下的軍備競賽或許是好事，但世事往往沒這麼單純。練習時常常眼前的快不是快，跑友說的慢是什麼慢，可得好好搞清楚。

這段日子以來，很多親友、跑友或網友都會來跟我詢問跑步相關資訊，但其實並不是因為我個人的實力真的有多堅強，很重要的原因是我成功地「化XO為神奇」，把自己太太從秀才練成兵；而另一個重要的原因，就是因為自己從未因為馬拉松訓練受傷而中斷課表。然而，這一切並不是我身體異於常人，其實是因為自己嚴格遵守兩個訓練理念。

- 循序漸進：先講求不傷身體，再求成效。
- 見微知著：培養感知受傷風險的能力。

非常巧合，今年參與節目《幸福相談所》錄製時，藹玲姐也特別幫很多跑者提問馬拉松訓練問題（看來是很多人心中的困擾），我當然希望幫助想運動的朋友們能夠無病無痛、自在運動，特別是我觀察到不論是「歡樂跑者」或「嚴肅跑者」多少都會有渴望進步的念頭。只是往往在「通往渴望的路上」，大家常發生嚴重程度不等的共同狀況：受傷，常常因此而中斷訓練，甚至每況愈下。

細究原因，這是一種德州神槍手謬誤（Texas Sharpshooter Fallacy）：在數據中篩選對自己有利的觀點與數據，而略過對自己不利的數據。跑友們不適當地從自己所關注或推崇的典範跑者身上，取得自認為對進步有幫助的目標設定、訓練方式、跑步技巧等。卻忽略其他可能對自己不利的資訊，比如身體素質、心理狀態、生活作息、飲食習慣、經濟狀態等差異（比如自己關注的對象不需要工作而得以專心訓練，每天跑完睡睡完跑，一日可以雙跑；一般人若要硬跟，恐怕吃不完還得兜著走。）

人外有人、天外有天，過分參考或照抄他人片面的跑步資訊，通常只有短效，長期卻極可能反效。再者，你永遠無法確認所有檯面上的可見資訊是否完整，或是經過刻意篩選而呈現，甚至很可能只是某種事後諸葛，更何況這些資訊很可能是無法適用於多數人的。

以我的淺薄經驗來看，所有關注焦點絕對要先回到「自己」。靜下心來認識自己，理解自己的「生理狀態」、「心理狀態」、「家庭狀態」、「經濟狀態」、「工作型態」、「生活型態」等，然後設定循序漸進的馬拉松目標，並調整出一套專屬於自己的訓練與進步方式。接著在過程中無時無刻與自己的身、心、靈對話，培養感知受傷風險的能力，當練就這種能力，遇到狀況時將會聰明地「逃避」讓身體與心理繼續惡化的錯誤練習。

電影《頭文字D》裡，周杰倫飾演的拓海在秋名山下坡賽過程中，腦子浮現老爸黃秋生的話：「千萬不要有跟人鬥的心，不要跟別人比，你要贏的是你自己。」

馬拉松訓練時，我們首要先瞭解的也不會是別人，絕對是回到自己。偶爾選擇逃避，有時或許可恥，但非常有用。

應邀前往陳正綱院長〈科技與創新管理〉課堂演講。

——是不是這樣的夜晚，你才會這樣的想起我

二〇一七年六月十九日，我還有芝加哥和紐約兩個六大馬需要去完成。但在太太的淫威之下，我把當時唯一休兵的星期一捐出來，跟一些「想開始運動、跑步初學的大叔朋友們、地方媽媽們、甚至孩（半）子（獸）們（人）」一起聊天哈啦、輕鬆運動、跑步練習。可以想見，一開始來的人類型「琳瑯滿目」，但絕大數都是「腹愁者聯盟」，並希望能夠靠跑步去油脂。於是我們約定每星期一晚上八點，定期在「臺大田徑場司令臺」集合，進行一個「所謂的行動代號為週一回饋日這個去油減脂促進代謝行動」，約定風雨無阻，只是有風有雨時人來得不多就是了。

但後來，我試著把「週一回饋日」調整成「週五回饋日」，為什麼呢？

有個原因是，平日晚上的臺大田徑場人太多，週五大家玩樂活動多，田徑場比較好跑；另一個原因跟我自己有關，我希望能減少不必要的約會、減少不必要的熱量攝入，並增加與家人的相處時間。

二〇一八年的五十二週，經過統計自己相關行程後發現，週一到週五當中，週五晚上會遇到最多餐會與活動；在這五十二個週五當中，有七次休假、七次出差，而其他三十八個週五，共有二十次餐會或活動，比例為52.6%。

我在二〇一八年底決定將原來的「週一回饋日」調整為「週五回饋日」，當你在週五晚上排定重要的定期活動，自然而然就可以排擠相對不重要的玩樂活動，或當下就有絕佳理由聲明必須提前離開；一來一往之間，身體不自覺地就更輕盈了，你覺得呢？

大家都知道，人是有上進心的，因此回饋日有些參與者也慢慢開始進化了。而少有人知道，近兩年我協助少數進化的朋友，一對一討論並調整課表，讓他們跑得更好。

- 大同區H先生，以完成時間四小時五十五分，大破PB一個多小時；
- 文山區C小姐，以完成時間四小時九分，小破PB；
- 板橋區T小姐，以完成時間三小時五十一分，漂亮破四，事實上她未完全開發；
- 中正區H小姐，以完成時間三小時四十六分，漂亮達標波馬；
- 新店區C先生，以完成時間三小時二十五分，漂亮達標波馬。族繁不及備載。

自己仍是一本初衷，主要希望可以幫助「不動的開始動」及「開始運動的健康動」，但遇到這些已逐步進化的團友們，仍然會有些特定建議或課表，比如說「五公里測驗課表」及「漸速跑課表」等。

關於「五公里測驗課表」，有句話說：「五公里跑得好，比賽沒煩惱。」所以我也會因應團友參加比賽的需要，親自帶著他們測驗五公里，而場地賽的五公里每圈配速必須穩定遊走在選手極限；而在心理層次上，每公里口訣則是「快、調、忍、留、衝」。

快：出發速度稍快，將心率拉上來；

調：接著調整呼吸，微調至指定配速；

忍：中程過半忍受些微痛苦感；

留：留住速度、動作、步頻及協調性；

衝：身體重心向前，將最後力量釋放。

由於天候變異、跑友狀態等各式原因，帶跑時並不一定完全依照著口訣先把速度帶出來，反而先觀察其適應狀況，再漸漸調整到指定配速；而通常中後程後，多數人腳步不再靈活，就要不時提醒跑友注意動作。「明確擺動雙臂」用以帶動雙腳，特別提醒不能在最後關頭降速放棄，放棄了，最後通常都會覺得很後悔。

至於「漸速跑課表」，顧名思義，就是在特定距離訓練下，逐段加快配速。

由於許多素人跑者喜歡做「間歇訓練」，但我本人其實不大建議過度強調間歇訓練。我的訓練原則是：「依自身能力與狀況，負擔必要限度的訓練風險，無需負擔過度風險。（白話文：先研究不傷身體，再講究效果。）」

特別是一般素人的間歇訓練，通常會出現幾個狀況：

熱身、慢跑不足；

選擇速度過快；

每段配速不穩定；

跑步動作跑掉；

嚴重的甚至導致受傷，得不償失。

因此，我都會建議較年長跑友、跑步新手，或全馬成績並未在三小時三十分內的朋友們，用「漸速跑」取代「間歇跑」。

例如，有位半馬大約兩小時內，步頻大約200的跑者（換算全馬大約在四小時十分左右），假設他當天是設定跑十二公里的課表。

我會建議十二公里的前、後各兩公里做6'20"至6'30"的暖身慢跑，接著中間進行八公里左右的漸速練習，以每兩公里為一段，做一次每公里十五秒的加速。

第一、二公里：大約在6'00"/km內（02'24"一圈四百公尺）接近他的全馬配速；

第三、四公里：大約在5'45"/km內（02'18"一圈四百公尺）；

第五、六公里：大約在5'30"/km內（02'12"一圈四百公尺）；

第七、八公里：大約在5'15"/km內（02'06"一圈四百公尺），以接近他的十公里配速。並可依訓練週期與個人狀況，每兩公里再下探十五秒，最後第七、八公里達五公里配速。

至於怎麼加速？

因為是兩公里為一段加速十五秒，所以在四百公尺操場等於是每五圈後，下一圈起加速六秒；但加速方式不用過於刻意，而是大約在第五圈完成前最後五十公尺左右直線加速，試著將身體重心（腹部、腰椎、臀部等）微向前帶，維持動作與步頻穩定，並略微邁開步伐（以上例而言，大約每步多三到四公分），即可完成該段加速。

而當每段第一圈加速完成，由於身體仍維持著一種慣性，則接下來四圈漸速即可順利完成。

來，點名一下。

雯禎、宗憲、宗廷、銚辰、志龍、建漢、惠真、冠勳、育銘、惠如、家瑩、文雅、巧心、全一、阿計、祥瑜、宜勳、俐婷、晴姿、純鈴、虹伶、洪惠、淑惠、泊錦、冠汝、冠璋、堅哥、黃蕾、敏惠姐等，以及搞死人的半獸人們，概略唱個名，畢竟我們常在一週當中的那個夜晚，共同為這地球減去不少重量。

——番外章：訓練，慢慢來比較快

很多人問我課表該怎麼排，說真的，實在很難用一篇文字就寫完如何訓練。然而，通常會這麼問的，我假設你並不清楚自己的訓練方向，或是未曾求助專業教練，或許你已是個半馬跑者、初階全馬跑者，或過去未曾接受週期式訓練的全馬跑者。以下我會提供一些原則，建議大家在未來訓練上可以分為以下週期，並設定十八週左右，慢慢自我強化，或許還無法客製化，但至少會有個整體方向。

1. 基礎打底期：增強有氧能力、耐力以及耐心；大約六週。

2. 速度強化期：加強速度比重、建立速度與跑步效率；大約六週。

3. 專項配速期：增長距離、強化速耐力、優化配速慣性；大約四週。

4. 賽前調整期：賽前減量調整、比賽模擬適應；大約兩週。

在進入週期訓練前，大家可以試著先理解《丹尼爾博士跑步方程式》（Daniels'

象總春節約跑台大椰林大道。

Running Formula）當中所提到的五種訓練強度或區間，透過儲備心率的確認，讓訓練更有效率。（如果跑友們覺得太難太複雜，建議不妨直接下載使用RQ免費版，透過科學化訓練工具來協助判斷。）

第一區：「有氧耐力區」（Easy Pace），儲備心率59～74%，訓練目的在增進有氧能力、強化基礎體能並培養長跑耐心。

第二區：「有氧動力區」（Marathon Pace），儲備心率74～84%，訓練目的在調整跑姿、適應比賽強度，並習慣長距離配速穩定性。

第三區：「乳酸閾值區」（Threshold Pace），儲備心率84～88%，訓練目的在刺激乳酸閾值，並強化代謝乳酸能力。

第四區：「無氧耐力區」（Aerobic Pace），儲備心率88～95%，訓練目的在提升無氧耐力，訓練乳酸耐受能力。

第五區：「無氧動力區」（Interval Pace），儲備心率95～100%，訓練目的在刺激最大攝氧量，加強有氧容量。

為免過於複雜，我們暫略過不談第六區：「跑步效率區」（Repetition Pace）。

回到先前所談到的四個週期，再搭配上述五個訓練區間，就能夠初步調整出簡易而適合自己狀況的課表。

1. 基礎打底期：增強有氧能力、耐力以及耐心。

這個週期非常重要，卻常被大家忽略。本期訓練初期重點在確立自己每週練跑頻率、天數，而後再慢慢擴大練習量。這個階段的練習「質」，重點在慢而漸長，然而，一般跑友在這個階段練跑時，常會控制不住自己的身體與心理，壓不住體感速度以致慢不下來。

這個週期可以安排六週左右或更長，訓練上以第一區為主，少量第二區為輔，慢就是快，週末可以循序漸進增加長距離慢跑量。為了避免速度感流失，每一到兩週可以增加一天第二區到第三區五到十公里的訓練。

2. 速度強化期：加強速度比重、建立速度與跑步效率。

第一個週期打好底後，銜接速度強化期將能更順利，這個週期大約可安排六週左右。若全馬成績不在三小時半內，我建議無須採取「間歇訓練」，而可改採前面提到的「漸速跑」，每週視狀況安排一到兩次，八公里中最後兩公里的結束速度可以設定在第三區到第四區左右的配速。

另外，每四週進行一次田徑場內五公里測試，每圈配速誤差盡量控制在正負兩秒之內（初期可以請人協助配速帶跑）。然而，第一與第二區的訓練頻率雖然減少，但仍會是每週訓練組成元素，可以用來幫助強度練習後的身體恢復，而週末也可以增量，以設定第二區的超過半馬的長距離練習。

3. 專項配速期：增長距離、強化速耐力、優化配速慣性。

這個週期大約設定為四週左右，原則上就是要適應未來比賽的馬拉松配速，訓練重點以第二區為主，第三區為輔，而每四週進行一次田徑場內五公里測試，每圈配速誤差儘量控制在正負兩秒之內（試著開始由自己配速）。

本週期最為重要的內容，在於最遠的兩次週末長距離，大多發生在這個週期，需依訓練狀況調整最長距離，建議至少完成二十六至三十二公里。

象總週一回饋日之成人體罰。

4. 賽前調整期：賽前減量調整、比賽模擬適應。

本週期大約為兩週左右，訓練目標配速以未來上場時比賽強度為主體，賽前最後一個週末，可以依平日訓練量或身體恢復能力進行十五公里到半馬的第三區訓練。

到了這週期，多練也不會突然進步，同樣的，沒練也不用太過擔心，整體狀態大致已於上個週期確立。比賽當週的練習量建議要減至三成或三成五左右，訓練強度則依「肝醣超補流程」遞減。

以下，我以自己的二〇一七年倫敦馬課表（如下表）為例，提供各位參考，未來有機會我們再多聊聊吧。

肝醣超補流程：由於人體肝醣儲存量和持久性運動表現呈現正相關，肝醣大多來自於碳水化合物，肝醣超補法就是暫時性擴增體內肝醣存量，延緩跑者撞牆期，提昇運動表現的方法。｜**簡要操作方式**：假設週日為賽事日，週一至週三這三天飲食熱量中碳水化合物比例依序減量20%、50%、80%，重度訓練在週三前完成；週四到週六這三天逐漸調昇飲食熱量比例中70至80%碳水化合物，而訓練強度對應碳水化合物比例提高而遞減。

		周一	週二	週三	週四	週五	週六	周日	總跑量	一月
	類別	早晚各10公里	計圈跑		計圈配速跑		輕鬆跑	計圈配速跑		
1/2-1/8	跑量	20	16	休息日	10	休息日	8	21	75	364.5
	類別	05'45"			96"x Lap 25		06:10	96"x lap53		
	類別		計圈配速跑	配速跑	5公里配速跑		風櫃嘴	風櫃嘴		
1/9~1/15	跑量	休息日	16	10	10	休息日	21	23	80	
	類別		100"x Lap 40	04'30"	90"x Lap 13.5k easy			5'30"		
	類別	輕鬆跑	早晚跑	輕鬆跑	計圈配速跑	輕鬆跑	計圈跑	LFD		
1/16~1/22	跑量	8	30	10	10	6	16	25	105	
	類別	06'10"	早LSD15+晚96"x 38	06'00"	96"x Lap 25	06'30"	120"x Lap 40	04"15"		
	類別	輕鬆跑	計圈配速跑		搖四輪配速練習	賞櫻跑		計圈配速跑		
1/23~1/29	跑量	10	12	休息日	32.5	20	休息日	10	92.5	
	類別	06'10"	96"x Lap 38		04'35"	06'10"		04'25"		
	類別	LSD	輕鬆跑	搖四輪測速+劍中劍		配速跑		國手之路		二月
1/30~2/5	跑量	30	12	28	休息日	32	休息日	10	112	324
	類別	5'30"	6'10"	10公里39分內		04'45"		4'25"		
	類別	計圈跑	5k配速跑	搖四輪配中間二輪	輕鬆跑			渣打配速領跑		
2/6~2/12	跑量	12	10	10	10	休息日	休息日	42	84	
	類別	120"x lap 30	96"x Lap13, 5k easy	4'10"	5'30"			4'40"		
	類別		計圈跑	5k配速跑	短間歇	輕鬆跑	國手之路			
2/13~2/19	跑量	休息日	15	10	8	20	15	休息日	68	
	類別		120" x Lap 38	94"x Lap13, 5公里easy	400間 x Lap 12 84"	5'30"	4'35"			
	類別		計圈配速跑	輕鬆跑	計圈配速跑			國手之路		
2/20~2/26	跑量	休息日	10	10	10	休息日	休息日	30	60	
	類別		96"x Lap 25	05'30"	100" x Lap 25			4'25"		
	類別	計圈配速跑	輕鬆跑		平菁街賞櫻	輕鬆跑	計圈配速跑	國手之路		三月
2/27~3/5	跑量	12	12	休息日	10	8	26	15	83	300
	類別	96" x lap 30	06'00"			06'00"	96" x Lap 65	04'25"		
	類別		計圈混合練習	輕鬆跑			計圈配速跑	國手之路		
3/6~3/12	跑量	休息日	15	10	休息日	休息日	10	20	55	
	類別		93"x13+400間x15 85"	06'00"			90"x Lap 25	4'25"		
	類別		計圈配速跑		配速中間3k	配速中間2k		國道馬模擬		
3/13~3/19	跑量	休息日	10	休息日	10	6	休息日	42	68	
	類別		96"xLap 25		04'00"	04'00"		04'12"		
	類別					短間歇	輕鬆跑	風櫃嘴		
3/20~3/26	跑量	休息日	休息日	休息日	休息日	7	8	21	36	
	類別					200間 x Lap 10 P36	6'10"	easy		
	類別	計圈配速跑	計圈混合練習	計圈混合練習	配速跑	早晚各10k	山徑跑	腳踏車		四月
3/27~4/2	跑量	10	15	15	10	20	15	30	115	256
	類別	110" x lap 25	90"x8+93"x13+96"x18	102"x lap 25, 5k easy	04'00"	06'00"	06'00"	200間x Lap10 P40		
	類別	早晚跑	混合練習		配速跑	LSD	下坡練習			
4/3~4/9	跑量	17	15	休息日	10	25	10	休息日	77	
	類別	早LSD12+晚1公里間x3 90"	300間X10 60"+LSD12		4'00"	5'50"	3'30"			
	類別	輕鬆跑	配速跑	配速跑	配速跑		配速跑			
4/10~4/16	跑量	10	10	13	13	休息日	21	休息日	67	
	類別	06'00"	04'00"	04'35"	04'35"		04'20"			
	類別	配速跑		配速中間3公里		配速中間2公里		London Marathon		
4/17~4/23	跑量	10	休息日	9	休息日	6	休息日	42	67	
	類別	4'15"		04'00"內		04'20"		02:53:59		
									1244.5	

象總二〇一七年倫敦馬拉松訓練課表。

CHAPTER 12

對，
就是這些不自量力的小人物

別當小人！先學習當個小人物成就他人；未來就算當不成大人物，至少十足像個大人！

運動員的生涯，現實之中不見得看得見未來，但未來卻充滿現實。

就為了這種種現實，「國手匯」——一個由我們這些關心運動產業的社會大眾所發起專屬於運動員的品牌加速器，並期待多元重塑慢跑選手及其文化的專案，因此而生。其實，這並非原創，而是奠基在很多前輩與社團對於運動的熱心與熱血之上，期待能做到更多更好更全面。

跑步後認識了「和諧長跑俱樂部」張寶財張叔叔，略過他酸人千遍也不厭倦這部分，我深深感動於他不但自己熱愛跑步並全心支持兒子，一直以來更是無償投身培訓喜歡跑步的年輕人，而我始終希望自己也能成為那樣平凡而巨大的小人物。

二〇一六年我跑完波士頓馬拉松的那個夏天，我和嘉哲、小豪因緣際會在「鐵人伙房」聚餐。我跟他們說：「我有個放在心裡很久的想法，希望讓運動員、支持者能夠串連起來，自己的選手自己挺。希望最後能像嘉哲說的一樣，讓跑步可以當飯吃。」我記得當時的自己雙眼發亮、口沫橫飛，如今回想起來，自己還真是不自量力。

「為什麼運動員不容易維生？」

第六篇曾提過，當我們看到問題時必須思考三個層次的觀點，分別是「系統結構層次」、「行為變化層次」，以及「個別事件層次」，而面對有些問題短期內煩惱恐無用、徒勞亦無功。當下或許能救急，但病灶仍在，除非我們能解得了系統結構性僵局。

然而針對「為什麼運動員不容易維生？」這個大哉問，有個系統結構性僵局跟我們社會整體氛圍有關，那就是整個社會環境與氛圍尚文輕武。而且長久以來，不論是哪一黨哪一派政府其實思考與作為都雷同，鏡頭前雖然宣誓運動立國、為國爭光爾爾，然而，真實情境卻是臺灣這些政治領袖們，絕大多數從小頭腦發達、四肢簡單，都共同經歷過把體育課拿來上數學課、國文課、英文課等那些「拿遊憩換成績」的日子。

多年後這些大人們位居廟堂，試問當預算、政策衝突而須有先後順序時，是否又複製兒時經驗，讓「體育與運動」相關項目被其他「重點施政」排擠？大人們當真愛運動？懂運動？會運動？只怕任何動作單純只是短期選票考量。

「為什麼運動員不容易維生？」

看來這個問題在系統結構層面的複雜度非常高，而僵局不容易獲得改變。雖說如此，不自量力如我總覺得無論如何還是想從「行為變化層次」以及「個別事件層次」做點什麼。即使確知必定困難重重且極可能徒勞無功，但自己過去曾夢想當個運動員，到了現在這沒有一大把也已有一小把的年紀，機會早沒了，但我還有機會去幫助那些未來值得期待的運動員們。

這個社會永遠不缺誇誇其談與憤憤不平，所以我選擇身體力行。儘管能力有限，但盼滴水或能穿石，不論力量多寡，與其抱怨環境，不如起心動念做些事。

同時，更真心期待大人們，別只是對著選手喊：「古嘎古嘎，米有古，妮有嘎？」（國家國家，沒有國，哪有家？）畢竟「事前遠處乘涼，事後臺灣之光」的日子實在讓人沮喪，何不真心投入運動，開始運動，把運動視為自己永遠的志業，大家共同建構一個適合把運動當作事業經營的環境。

♫既然遇見了永遠，就不要說再見。♫

小人物心中的運動魂

「啊！挫起來，死啦！死啦！死啦！謝謝啦！」

什麼叫「俗夠有力」，我想上面這句口號就是最佳註解！

只要是「老兄弟」，在球場上應該都見過這一位打著赤膊，狀似流浪漢，但卻能激起滿場熱血沸騰的超級象迷，他就是我們當年的「Lami girl」，不同性別卻相同性感，而當時情景，仍是歷歷在目……。

想起高中時，為了支持棒球和爸爸怒目相對，他斥責我不全心讀書而分心在不知真假的職業棒球賽中。我理直氣壯的反擊，只為了力挺這群我從小就認定的英雄們。想起考上大學後，我瞞著家人在下課後立刻衝到臺北市立棒球場擔任清理環境的工讀生，只為了免費看那幾局球賽、更貼近那些英雄們；也想起看球時，當球場爭議發生時，要記得快速閃避即將被看臺球迷扔進場內的垃圾；更是想起象龍大戰屢屢滿場的盛況，假日飛刀手的拉弓、棒球先生的聽音辨位、屠龍手的二段式下勾！

突然想起後來我近一、二十年沒再進場看過球；突然想起這麼多年下來發生這麼

寶藏巖國際藝術村「國手匯」基地。

多的黑球黑幕；突然想起這麼多年來，我假裝毫不在乎兄弟象，毫不在乎職棒，直到「獨一52」的陳金鋒加盟後，才再度重返球場。記得二〇〇九年，同時也是職棒二十週年，十七局的總冠軍第六戰，中間幾度兄弟象將可能輸球，太太據實地指出，兄弟應該會輸哦！我則假裝公正地斥責她不懂棒球！

其實是我不懂吧，因為當時這場大戰結束後，竟還有另一場比十七局還漫長的檢調大戰。一定是我不懂吧，棒球永遠不可能只是單純的棒球，更遑論國球。

腦中又再浮現一段屬於兄弟，但已經遠去的旋律：「喔…喔…喔~喔…喔…喔…喔~」。

或許年輕的你不曾經歷或感受過那個年代，但當你讀過《Game On! 周思齊的九局下半：棒球教會我的那些事》，你會知道那些年黑球的可怕，你會理解到「黑米事件」的荒唐，你明白知道有好幾口氣始終悶在心裡。因為那些年的英雄們，在這麼多的荒唐下，埋沒了自己，也葬送了自己跟產業的眾多可能性。

就在我寫書的過程中，身為球員工會理事長的周思齊，為追求制度完整性訴請薪資仲裁，而毫不意外，該請求被駁回，由球團獲勝；至此更能深深體會，就連全臺灣最受重視運動產業下的運動員，也不過只是棋盤中最不重要、最容易先被捨棄的棋子。

也是在我寫書過程中，職棒中最賺錢、最會經營的「Lamingo」卻仍因為不耐長期虧損，而決定洽談轉手其他大企業，就連全臺灣最受重視運動產業下的球團，都會有如此無奈，更遑論其他運動項目。

可想而知其他運動產業裡運動員的處境，運動員如果不是有自己家庭或特定企業在經濟上穩定的支持，實在不大可能擁有自己的一片天，特別像中長跑這類難以取得國際賽名次而欠缺關注的競技運動，更是一片荒漠。

爸爸說得沒錯，走運動這條路大多都沒前途，但我就是很不服氣他的推論是這麼的貼近現實，然而這也更堅定自己的信念，期待能發掘更多反證，說不出什麼大道理，但我想我賭的就是這口氣吧！

♫太濃了吧？否則怎會苦得說不出話？♫

「干你屁事，你會不會管太寬了？」太太有時無奈地問我。

還在忙碌打拚事業的我，還在養家糊口階段的我，或許應該就簡簡單單過好自己生活、顧好自己家庭，大可不必把自己搞得這麼忙、這麼累。但或許獨善其身不是我崇尚的風格，而心中的運動魂更不斷衝撞日漸安逸的軀殼。事實上，勇往直前不該有賞味期限，順著自己內心深處的想望，我逼迫自己無論如何一定要做點什麼，而這完全不是我有多麼了不起，反而更突顯出我有多麼「不自量力」。

換個角度想，如果一個「不自量力」的我，都能夠選擇做些什麼，若有機會引發他人共鳴，其他更有能、更有為者，或許更可以做點什麼。至於成功或失敗並不是自己該考慮的選項，在這個世界上，成功的另一面並不是失敗，而是毫無作為；更是當時間靜靜走過之後，你我心存遺憾，自己還未曾來得及奮起並做過些什麼。

忙，對我而言絕對不會是「心亡」，而是有計畫性地在每個當下全力以赴。

我們每個人都是臺灣社會或大或小的螺絲釘，永遠提醒自己不要幻想太多、空談太多，少動點嘴、多做點事。當每個人都願意為「自己」、「周遭關心你的人」，以及「你關心的人」全力以赴，任何改變都有可能從自己手上開始發生！

我們不用等到說服所有人，也不需要等到所有人都行動。這世界若總共有一百個人必須被說服，就從小小的自己啟動，只要有天撼動了當中五十人，過了半，一切將風行而草偃。

我們站出來，他們戰起來

我是在跑完東京初馬後，備戰波士頓馬拉松之時加入「北大長跑幸福組」。當時加入北大幸福組的最重要目的，就是希望讓太太也能夠跑起來。由於幸福組員眾多又訴求快樂慢慢跑，而且集合基地就在臺大傅鐘對面的文學院門口，不但是她母校又離家裡很近，「人多跑少離家近」的訴求，非常容易引誘太太先跨出這個第一步。

當時正在考慮要不要加入北大幸福組，其實也做了不少功課。讓我非常認同而有高度意願加入的另一個重要原因，在於「北大長跑」以健康、快樂、服務為宗旨的價值核心。北大長跑最早可以追溯到民國五十二年成立「北大田徑隊」，而後為了廣納社會各界參與，於民國七十四年更名並成立「北大長跑俱樂部」，而北大長跑長期以來的無私付出，更讓我深刻體會到北大精神：「成就他人就是成就自己。」

「北大長跑」在歷任會長與會員的支持下，從非常早期就開始協助優秀中長跑選手訓練、比賽、交通經費、移地訓練補助等，包括現在已經廣為人知的何志豐、翁竹

二〇一八年台北馬拉松終點前信義路加油團。

毅、陳孟欣、陳彥博、張嘉哲、鄭子健等人；特別是大家可以看到這麼多年來，在蔡文雄雄哥跟所有志工團隊努力下，始終挺立的臺北田徑場北大五千公尺測驗賽，團隊熱心投入就是希望看到市民的跑步環境更好，選手的未來生涯更好。

這就是一種「成就他人就是成就自己」的北大精神！

還記得二〇一七年世界大學運動會，在許多人唱衰下堅定開幕，卻在更多人唱和下榮耀閉幕，「自己的選手自己挺」的感動在所有場館發酵，就連戶外的仁愛路，都有各大運動社團以及小豪所發起的占領仁愛路運動，誰說運動員沒人支持呢？

或許缺的只是長期而有系統、有結構的穩定力量。

將時間拉回到二〇一六年六月，因緣際會我在「鐵人伙房」與嘉哲、小豪細談如何幫助運動選手，當場並留下一頁嘉哲始終搞不大懂的金字塔手稿。當時的我剛破三完成波士頓馬拉松，江湖上溢美稱我為「最速總經理」，因此自己該做的事也明確，就是繼續追尋後續六大馬全破三之旅。而接下來的一年半，我就是不斷練習、不斷突破，當然手稿依舊還是手稿，而我們幾個就各自各美麗。

然而，人生本來就該有些起落，這故事才會動人！

二〇一八年底，原本私心規劃想要來刷刷二〇一九年東京馬成績，原因也挺簡單的，世界六大馬成績當中，只有二〇一四東京初馬完成時間是三小時二十分五十四秒之外，其餘五個都破三。一個整齊隊伍當中有人太矮或太高，看來就是礙眼。穩穩破三對我而言當然十拿九穩，因此要刷新東京馬成績並不難，但是老天似乎另有所圖，在我進行「全馬兩小時四十五分」練習時，卻因為去年底參與學校EMBA壘球賽而造成嚴重撕裂傷，跑步無法繼續不說，生活上更造成許多困擾。然而這回受傷後，我從一開始的心情浮動到後來的平靜，我並沒有自怨自艾，甚至後來完全換了想法：一來，我真的很忙，要做的事情多到爆，沒得跑並非壞事；二來，我真心認為老天會這樣安排一定有什麼目的，於是我就靜下心來想想，到底目的是什麼？

這時我回憶起二〇一六年那張手稿，突然想起，就算我不在舞臺，還是能好好幫助他人創造更好的舞臺！一念至此，我想自己總算參透老天的意圖，於是就趁這段時間，好好來落實手稿上的計畫！

「國手匯」是一個由我們這些關心運動員的社會大眾，所發起專屬於運動員的品牌加速器，並期待多元重塑慢跑選手及其文化的專案，因此而生！

內容包括五十萬馬拉松破紀錄獎金、臺灣中長跑年度最佳跑者票選計畫、專屬於選手的寶藏巖運動藝術基地、專屬網站、個人化商品、第二專長訓練、國手公益，以及法務、財務諮詢等眾多可能發展項目。

「國手匯」這個名字是由我命名的。

說文解字「國手匯」，其首要重點並不先在「國手」，而在於「匯」，將人材匯聚、將資源匯聚、將影響力匯聚，並將不同意見匯聚，逐步消弭過去運動界影響「匯」的價值觀、思維模式、行為表現，並且試圖讓「匯」的可能性成真；接續的重點才必然再回到「國手」。而「國手」二字並非受限於是否為國手身分，而是期待大大小小選手們，以成為「國手」為目標，努力朝國手之路邁進。

因為「國手匯」最終期待的是，選手專注於自己對中長跑的投入與執著，讓選手的過去被知道，讓選手的現在被看到，讓選手的未來看得到。

跑步這個同溫層已經不厚，競技運動員族群這個內圈又太「薄」；四肢發達、頭腦簡單的呆板印象根深柢固，導致運動員被認定為素養與學養「太淺」；武林門派彼此成見太多、酸度爆表，以致力量過於分「散」；再者，運動員生涯養成不易而賞味期限又太「短」。「薄、淺、散、短」等問題纏繞糾結，因此我們絕對不能只在圈內近親繁殖，而需要更多圈外人「認識」、「喜歡」並「傳遞」這些很棒的故事，而同時，也能得到他們從外圈給予最廣的鼓勵與支持。

初期透過嘉哲、小豪，找了一群懷有夢想，專注在自我訓練的選手與教練們，包括嘉哲、子銘、翰暄、新詮、宇璿、芷瑄、秉豐、純玉、囿任、政軒、雅芬等人，一起朝夢想前進。

其實在這過程中，我還跟許多跑者聊過這個概念，包括高志明大哥、何信言大哥、海膽大、宜玫、邱律師、康醫師、周林信大哥、戰神、士翔、博為等人；也曾和許多跑步圈內外關心運動的朋友們聊過，包括：謝金河社長、謝文憲憲哥、常富寧主播、幸福相談所的藹玲姐、宅神朱學恒、李四端端哥、智林體育台Eric、KKbox的明哲、百鐵教父曉春、驢鳥誌Danny、大輔與安藤絵理、小柯與Annie、武楠哥、韋毓、國輝、韋銘、Maka等人，許多令我尊敬的各領域專家們，在時間許可之下，都願意為這些運動員們上堂寶貴的第二專長經驗分享課程，或給予各種程度的協助。

運動員的生涯，現實當中不見得看得到未來，但未來當中卻充滿現實。多數運動員們都得要預做準備，不能只會吊單槓，而是要下定決心成為「斜槓青年」。而強化或傳遞臺灣慢跑文化從來就不是件容易的事，身為這些運動員的支持者，我們期待接下來可以跟更多的跑步社團交流與分享。

崎嶇的道路或許奔跑不易，但幸好我們都會是最佳推手。而如果這難事兒是場全程馬拉松，或許說不準何時能到達終點，但至少我們已經鳴槍起跑，接下來我們就一步步慢慢走，沿途順道欣賞每一片風景。

人們都試圖打探「未來」，但其實「現在」就是「過去」的「未來」，用心關懷眼前的人、眼下的事，「現在」將成就可以預見的「未來」。

北大長跑陳彥博電影《出發》包場。

成就他人，就是在成就自己

過去觀看武俠片或研讀武俠經典時，常會有個橋段：「某某某全身武功被廢，形同一個廢人……。」

這時候觀眾朋友們就會問：「那到底，什麼叫武功被廢呢？」

比較我傷後復出（二〇一九年四月二十八日）的六公里記錄，跟完成六大馬前最後一次自測五公里記錄（二〇一七年十月一日），就能理解什麼叫「武功被廢」。溫度同樣是二十七度，平均心率大約在155～158 BPM，但每公里配速卻相差近三分鐘（6'22"/km v.s 3'27"/km），這應該就是所謂的「內功修為盡失」外加「奇經八脈俱斷」吧！不過，武俠劇中主角際遇，通常會峰迴路轉，多半會這麼演下去：「……然而世事難料，因緣際會某某某反得絕世高人真傳，習得一身上乘武功！」

希望在現實生活裡，我也是劇中的主角。

電影《一代宗師》裡提到「習武之人必有三階段：見自己，見天地，見眾生。」而在我這段很長很長的復健日子裡，「42.195公里」也漸漸讓我看清了許多事。

「**見自己**」：自己的軟弱、自己的好強、自己的貪婪、自己的惰性、自己的無知等，其實我應該把電影《火線追緝令》（*Se7en*）裡的「七宗罪」拿出來抄一抄；對於自己，顯然我還沒能見個透，但經由不斷的碰撞下大概也已體會八九，這算不上什麼人生哲學，勉強點，可以說是復健的成果。

眼看著這「42.195」已漸漸改變我的生活，甚至已成為我的生活，我當然更應該樂在其中，並充分享受自己的復健人生，期望接下來的我，能夠跳脫自己，多見見天地、更見見眾生！

「**見天地**」：世界很大，強中自有強中手，而世界很小，四海之內皆朋友。如果馬拉松是個武林，這武林之中實在臥虎藏龍，就算你是一方之霸，當走出自己的小圈圈之外，仍然渺小到微不足道。而馬拉松本身並沒有高低之分，因為有了個人先天素質與後天訓練不同，而分出了高低，但高低之間並不是要自己狂妄自大或妄自菲薄，而是進一步確認、確信並確知自己的存在，並好好發揮自己這偉大的渺小。

「見見眾生」：當試著見過自己、見過天地，將逐漸體會每個人或多或少都有些影響力。只要相信自己，這股力量將能外溢到自己之外。對我而言，「見自己」、「見天地」、「見眾生」並不是三個階段，而是一個持續的正向循環，我期望能夠自助而助人，並協助更多人走過這個循環。如果自己因此而能成就他人，其實更是在成就自己。

過去自己的馬拉松之路常受到他人的幫助，現在的我，除了自我精進，更希望有機會幫助更多的人。就如同在二〇一七年紐約馬時，跟幾位北大長跑幸福組的前輩們：彭教練、汪哥、卓大、林慬等人一同用餐時，聊到過去北大長跑如何透過跑步的串聯，幫助了許多需要幫助的人，談到**如何將追求速度的能力轉化為分享公益的心意**。

例如，二〇一七年五月二十六日，我運用跑步上學習的知識，幫助了樂山教養院的院生們擁有此生難得的跑步經歷，並用專業協助他們自力更生的勇氣；二〇一七同年六月十九日開始，我也利用每週一天的晚上，固定在臺大操場帶領親朋好友們一起運動，圖謀脫離「腹愁者聯盟」。

於二〇一七年臺北馬拉松運動博覽會受邀參加對談。

另外，有人說跑個全馬或半馬很瘋狂，但如果你跑過海外馬拉松，你就會知道國外應援團常比跑者更瘋狂，雖然自己沒下場，卻花更多時間，不離不棄為跑者瘋狂打氣。

二〇一七、二〇一八年的台北馬拉松賽前博覽會，謝燦堂副院長、林德義大哥、大鳥哥、邱律師與我，應Kitty姐之邀，前往分享世界六大馬，臺上不約而同地，我們談到對於臺北馬或是在臺灣舉辦的馬拉松的許多期盼，不論是各級政府、相關企業、周遭民眾、參與跑者等，說得太大太遠或許像空談。所以二〇一八年十二月九日臺北馬拉松，我們就先身體力行，為了讓跑者們感受到在國外跑步時被應援團加持的感動，最（蛇）速（腰）邱律師、馬拉松攝旅小豪、移動志玲姐芊嫣、腰（老）包（人）姐（魂）等有心人，集結在市府終點線前信義路最後轉彎處，一起來當跑者的最佳應援團。用音樂繫跑者，用Cosplay幫跑者打氣，一整個上午舞裝是情趣、燒聲是插曲、「趕動」是必須，不求名、不求利、只求爽。

當然，我沒這麼偉大，不能只顧別人，還得要顧顧家人，也顧顧自己。

朋友們常問我：「世界六大馬達成之後，下一步是什麼？」

首先，我先來履行跟嘉哲的承諾，前往日體大完成五千公尺測驗，如果狀況允許，大破自己ＰＢ當然是最好的結果；再來，我期待慢慢回到當初的訓練，取得全馬兩小時四十五分內的成績以便達成ＴＱ（Qualify for the Tokyo Marathon），風風光光參與東京馬，並將初馬成績刷新；最終，希望自己最好全馬成績能以兩小時三十五分內收官。雖然自己的年輪愈來愈密了，但說出來會被嘲笑的夢想，才更值得挑戰，更何況我也不是很怕被笑，畢竟臉皮也隨著年輪愈來愈厚了。

至於家人呢？

「還有什麼好想的，不能只是自嗨，當然要帶家人到處玩跑啊！」我說。

國旗、國旗裝都準備了，「全家國旗跑旅」怎麼可以不繼續下去？而且就算不能到國外跑跑，光是在臺灣就已經有很多地方玩不完了，到處跑跑逛逛這些地方，並用雙腳跟文字讓更多人認識跑步，感覺挺不賴的。

我們大人總習慣讓孩子做一些自己都不一定做得到、做得好的事。

言教不如身教，藉著跑步我要給孩子們做個榜樣，帶著他們親身參與從艱苦訓練、細心準備、全程參與到賽後歡慶的過程，從臺灣跑透透到世界走破。

電影《全民情聖》（*Hitch*）有句很棒的臺詞：「Life is not the amount of breaths you take, it's the moments that take your breath away.（生命的真諦不在於呼吸次數，而在於那些令你屏息的瞬間。）」

我們終其一生都在探索人和人、人和事、事和事之間的黃金比例。完美的黃金比例或許永遠找不到，但探索黃金比例的過程，我們已小小地行銷運動的美好，行銷了共同參與的價值，行銷了臺灣可以無所不在，而凡此種種，不論在當下或是事後回憶，都會是令我們屏息的瞬間。

我曾經承諾過，腳下的每一步都有著特殊的意義，這意義至今未曾稍減，反而蓄積更強大的能量。在跑步中我學會全力奔馳、盡情飛翔，挑戰自己的極限、挑戰自己的無限可能。下一步更會想發揮自己的影響力，將過去常常得之於人的點點滴滴，無條件再授之於人！

愛作怪的電通安吉斯集團二〇一八年CSR核心團隊。

一兼二顧，做了公益又耍酷

二〇一七年五月二十六日，我們集團連續第二年跟樂山教養院合辦年度志工日。由於考量到樂山身心障礙的院生們，平時罕有機會外出運動，我們特地為院生們量身打造一個健康、歡樂與活力的三公里路跑活動。集團並出動上千人分別在「三重水漾幸福公園」以及「樂山教養院」兩地之間陪跑、補給、加油與伴遊。

由於院生們都非常期待這個活動，但往往因為過度興奮與熱情，無法控制自己的速度跟情緒，全力衝刺後導致身體無法負荷。而我是這次路跑活動的「跑步顧問」兼「體育老師」，當天特別選了一首小朋友都會喜歡的〈青春修煉手冊〉帶動熱身操，而重頭戲當然是許多身心障礙院生們因此走出教養院，完成了人生中第一個的三公里，成就了這場別具意義的路跑活動。

之後，張嘉芳院長和嘉琪等主要照護者，都不只一次地提到院生們的開心與感動，從此之後三公里對他們意義非凡，並成為他們計算上重要度量衡單位，例如：當他們去游泳池游完了五十公尺，你問他們：「游了多長距離？」

二〇一七年電通安吉斯集團志工日，〈青春修煉手冊〉象總熱身操。

他們就會跟你大聲回答：「今天一共游了『三公里』！」

對我而言，又更是難忘。

身為「跑步顧問」兼「體育老師」，在我開始練跑前絕不可能想到在未來的某天，自己竟會運用「跑步」這項副業所學，幫助這群純真的朋友們，完成他們人生中的重要里程碑，特別是後來多次造訪教養院時，他們仍對我這位體育老師很有印象。**我老師我驕傲**。

相較於年輕時，知道自己在心儀女生心中留下印象的悸動，在院生們心中留下印象，更讓我由衷感動不已。

我們集團的執行長Jennifer帶種而勇於突破，不但大膽任命我為集團ＣＳＲ負責人，並在過程中給予全力支持與方向導引，一切作為不是為了「名望」而做，而是為了「希望」而做。然而工作之餘，跟著ＣＳＲ核心團隊為了偏鄉小朋友們而努力投入的過程，身體上或許疲累與磨人，但精神上卻是富足而熱血的。

偏鄉之所以稱為「偏」鄉，或許各自有些不夠「正」的理由。

然而，某些層面或許不夠正，但若單純認為偏鄉就是缺資源、缺教育、缺陪伴，這可能也是我們一種不夠正的淺層想像。

事實上，臺灣不乏關心偏鄉的團體、單位或個人，偏鄉學校的硬體設備可能比你我的還新穎，而不同單位所提供的一次性或短期式陪伴，更是族繁不及備載。

根本問題在於「淺層而同情式的給予」，整體效果遠不及「深刻而同理式的共創」。

我愛重看老片，每回重看電影《殺戮時刻》（*A Time to Kill*），重點總不在過程，我永遠在等待Matthew McConaughey的結案陳詞，等他最後所說的那句：「Now, imagine she's white.」

一直忘不了初次看到這個片段，心中所感受到的震撼，所以永遠提醒著自己，思考必須同理他人，非得跳脫同情或歧視的慣性與框架。

我們集團這幾年跟老梅國小的長期合作，其實是個大型實驗，一個「深刻而同理式

（上）明新兒童發展中心×私立復興小學差異共學計畫——「藝起上學」。（下）電通安吉斯集團全體員工與老梅國小師生共同撐開「小梅的異想世界」共創精靈大旗幟。

的共創實驗」，而啟動這個實驗的主因，並不是他們有多貧窮或多可憐的負面表列。

最重要的原因，是我們團隊在二〇一七年底開始探訪偏鄉小學前置訪談與蒐集資料過程中，發現一個亮點、一椿美事：老梅國小的「三本繪本」！這三本繪本，是老梅國小吳惠花校長帶領全校師生共同在社區實地踏查，一筆一劃刻劃出活力與情感的老梅：他們分別是《夜晚的曙光》、《田鼠可以吃嗎？》、《老榕樹與小梅》。

二〇一八年我們在十二個品牌的全力支持下與小梅們（老梅國小同學們）共同合作，將他們所創造的三本繪本，「放大」並「優化」後呈現在「老梅社區」這個更大的實地繪本上。

二〇一八同年接任老梅國小的黃家裕校長，繼續一棒接一棒，熱情地投入，讓小梅們看見他們自己具有的創意能量，看見創意展現出來的力量。從二〇一九年開始，我們更深入與小梅「共創」，結合包括綠石槽、牽罟寮、溪邊洗衣槽、石花凍、風箏公園等地方景點與特色，共同發想自信、互助、負責、努力與勇敢等五個翻轉社區的重要價值觀，再融入孩子們的想像與期待，創造出五隻精靈：「綠石怪、老山豬、五星洗衣婆、石花公爵與風小將」。透過精靈們可愛的造型與動人的故事，為社區注入了嶄新活力，未來造訪老梅社區的旅客們，將看到小梅們的創意由幾個牆面，延伸到整條街廓，逐步在老梅社區展演形成「小梅的異想世界」。

就如同電影《全面啟動》一樣，由我們跟小梅們共同置入一個微小的想法、體驗在心底深處，或許就可以為他們的人生、家鄉帶來巨大的改變或影響。星星之火，可以燎原。

走過的路或許有心、或許無意，但萬千都算數。用心思考怎麼為更多需要的人帶來滿足，自己也會變得無比富足。透過我們公司與「一間二顧」的合作，很多原來僅存在於腦袋裡的「差異共學社會關懷」與「同理心計畫」不斷地向不可能突圍。透過團隊成員向美國新澤西大學（NJCU）IRB委員會申請的驗證，已於二〇一九年獲得核准，目標一百場的「差異共學計畫」能否順利完成，或許沒人說得準，但至少我們勇敢踏出了好多好多步。

其實，在這過程中我偶爾會想，當走過這條路後的某天，我自己或大家到底會從這

二〇一八年電通安吉斯集團CSR三年計畫——小梅的異想世界。

一間二顧公益行銷平臺差異共學計畫——春天魔法學院。

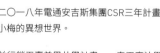

當中帶走什麼？

是少不更事的挫敗？

是相互扶持的感動？

是無所畏懼的作夢？

是堅持到底的決心？

是義無反顧的大器？

亦或是身騎白馬的不凡？

可能什麼都是，也可能什麼都不是，甚至可能就單純希望天上的媽媽能在不經意間看見這小小進展。

得到什麼？失去什麼？期待什麼？落空什麼？

時間漲退，沖刷覆蓋心上的塵土，湊近一瞧，上頭工整地印著：

「這傢伙在幫助他人的路上從沒停下腳步。」

或許在肉眼所見的世界，我再榮耀不了她，但我相信她必定在某處看著我們，為我們投入的林林總總感到驕傲。

親愛的我們，無關老少或貧富，不論位處天上或人間，咱們天上人間各自忙。

未完待續……。

結語——灰象甘蝦羚打擂（非常感謝你們大家）

有伴，享受一起；沒伴，享受自己。

感謝爸媽給予我的所有。

媽媽對我的重要性自不待言，而其實爸爸也是不遑多讓。我家是極為傳統的東方家庭，一直以來的教育就是將感情隱藏收斂，不過節、不送禮、不說肉麻話、沒有肢體接觸，「三不一沒有」之下，極端感性的那個小男孩，早已不自覺地將自己錯放在層層防備之後，始終拙於表達愛。藉由這本書付梓，或許肉麻話依舊暫放心底，但至少我想對爸爸說聲：「這些日子以來，您辛苦了，我始終在這兒」。

感謝奐儀的陪伴及兩個孩子宥晴、舜玄教我學習表達心中的愛，同時感謝岳父岳母的教養與交付。

從十八歲認識太太至今已經超過二十五年了。

她德才兼備，但總對自己少了點信心；
她為人體貼，但總對自己少了些關心；
她性情堅毅，但總對自己少了樣細心；
她處事穩健，但總對自己少了種決心。

為了陪伴家裡的特殊過動兒，她所啟動的「一間三顧」講堂，眼下已成為一個致力於縮短「我們與惡的距離」的社會企業。這吃力不討好的計畫，在這些年的風風雨雨後，總算大步前進！就我對她的認識，我幾乎可以肯定，這志業一定能發光發熱！

有人說：「最完美的產品，在廣告；最完美的人，在悼文；最完美的愛情，在小說；而最完美的婚姻，則在夢境。婚姻之中總有得失，得失之間如同穿鞋，合適與否只有雙腳知道。」

若上述成立，要想維持好婚姻，你得假裝在做夢，讓眼中的一切看起來都模模糊糊，矇矓也許就是一種美。只是仍難以定論，端看婚姻裡的彼此是「難得糊塗」或「難得聰明」，而不論糊塗或聰明，兩人一起走過，充滿感謝，值得珍重，都該慶賀。

象總馬拉松加油團。

感謝Rose、Fish，沒你們，沒現在，一切盡在不言中。

感謝「配速之神」高志明、Steph開啟我的跑步之路。

感謝西瓜一路協助及無私分享。

感謝曾參與「六大馬加油團」的玫琪、仲宏、淑萍、子晴、宗達、詠偉、岳岡、詩珮、嘉寧、廷奎、嘉昇、冠妤、韻安、貝貝、韋董、靜怡等。

感謝曾參與「六大馬支援團」的玫君、咪咪、善鴻、凱惠、嫻瑩、碧麗、馨慧、玉芬等。

感謝「零群組」互相傷害的戰友們：戰神、愛跑、進銘、盛合、大鋒哥等。

感謝「安納特」團隊：Amanda、Cora、CY、Jerry、Kevin、Perry、Phantom以及所有團隊成員，讓我毫無後顧之憂，感謝Ann、Freda、宮內先生、Suzanne的信任。

感謝「電通安吉斯集團」CSR核心團隊，包括JT、Hsin、Phoebe、Dave、Kevin、Natalie、Regina、Ray、Jenny、Kelly等二屆成員，同時感謝各品牌主管與創意負責人所帶領團隊的全力支持。

感謝「國手匯」團隊、選手、咖啡群組成員以及「臺灣田徑後援會」。

感謝「臺北國際藝術村」曉雯、易衛，以及臺北市「寶藏巖文化村協會」詹大哥。

感謝富哥、郭教練、Q爸發起及帶領的「二〇一六波馬團」。

感謝「北大幸福組」每週散播幸福散播愛。

感謝「Sub3」團隊在六大馬期間常在週四互相傷害，而且在多次六大馬分享會、慶生會不離不棄的鼓勵。

感謝「靠臉吃飯跑快跺腳團」苓妹、萱妹、妮神、G哥、頭哥沒日沒夜不斷哈啦兼打氣。

感謝世禎老師、明安、睿瑩、阿計、小宛學長姐所帶領的「臺科大鐵人」、「臺科慢跑社」成員們。

感謝王爺、守對、文宏等學長所帶領的「臺科大壘球校友隊」成員們。

感謝盧老師、綱哥、欒帥、孟彥等師長的不吝指導。

感謝「象總回饋日」的伙伴們對我的信任及給我的支持。

感謝倫敦馬陪我一起幫助國內自閉症及癌童的下列親朋好友們：

蔡昆錡、Andy Lee、陳筠珊、高志明、邵懿文、林宜鋒、詹進銘、廖宏偉、洪暉恒、蔡典煜、Pin Liu、蘇韋毓、陳盈臻、黃靖婷、謝宗廷、陳凱西、汪憧、張經緯、呂淑倫、章友萱、王振宇、陳建勳、黃英倫、詹玉真、黃雅玲、石凱文、王爾雅、劉珮、王韻琦、余煒楨、大鋒、Jack、朱怡靜、臺科大慢跑社、零群組、蕭雯禎、陳虹伶、張蔭富、張昱、羅國榮、國正、邱珮文、許梅君、劉淑瑛、謝佩芳、洪筱婷、王凌婷、鄭吉村、王爺、胡育銘、蔡豐名、黃緯賢、吳培瑞、黃瑜鈞、康廷庭、莊澤群、曾嘉誼。

特別感謝阿湯哥、凱俐、博駿、奐儀、友萱、小豪、振宇、慧如、老王、宜臻、聖惠、緯筌、紘瑋等人；更感謝推薦序作者與列名推薦人，你們都是這本書的重要推手。

篇幅有限，還有很多雖沒列名，書裡也沒能提及，但在彼此生命中共同走過一段的朋友們，我心存感激，更希望我們未來有機會再一起「見自己、見天地、見眾生」，透過成就他人來成就自己。

從家門口再出發！

PEOPLE 435

去你的人生低谷：最速總的世界六大馬重生路

作者：王冠翔｜**主編**：湯宗勳｜**特約編輯**：賴凱俐｜**美術設計**：陳恩安｜**企劃**：王聖惠｜**照片提供**：王冠翔｜**董事長**：趙政岷｜**出版者**：時報文化出版企業股份有限公司／10803台北市和平西路三段240號1-7樓／發行專線：02-2306-6842／讀者服務專線：0800-231-705；02-2307-7103／讀者服務傳真：02-2304-6858／郵撥：19344724 時報文化出版公司／信箱：台北郵政79-99信箱｜**時報悅讀網**：www.readingtimes.com.tw｜**電子郵箱**：new@readingtimes.com.tw｜**法律顧問**：理律法律事務所／陳長文律師、李念祖律師｜**印刷**：盈昌印刷有限公司｜**一版一刷**：2019年9月20日｜**一版三刷**：2019年10月17日｜**ISBN**：978-957-13-7921-0｜**定價**：新台幣390元｜

去你的人生低谷：最速總的世界六大馬重生路／王冠翔 撰寫.--一版. --臺北市：時報文化，2019.9｜392面；21×14.8公分. --（PEOPLE；435）｜ISBN 978-957-13-7921-0（平裝）｜1.馬拉松賽跑 2.自我實現｜528.9468｜108013124

FUELCELL ECHO
極速動能 音速迴炫
音速迴炫
不只炫 還敢快

沿線裁下並對折寄回

《去你的人生低谷：最速總的世界六大馬重生路》
抽獎回函

請完整填寫本回函資料，並於 2019.11.04 前（以郵戳為憑），寄回時報出版，即可參加抽獎，有機會獲得**【2020年紐約馬拉松參賽名額】**1名（由台灣近畿國際旅行社股份有限公司提供），或**【New Balance 運動機能短TEE＋主打款跑鞋】**10組！
（2020年紐約馬拉松參賽名額費用約 US $800元，New Balance 運動機能短TEE＋主打款跑鞋，市價約5,000元）

男款

女款

活動辦法：

1. 請剪下本回函，填寫個人資料，並黏封好寄回時報出版（無須貼郵票），將抽出【2020年紐約馬拉松參賽名額】1名＋【New Balance 運動機能短TEE＋主打款跑鞋】10組。
2. 將於 2019.11.12 在粉絲專頁「跟著象總跑步上學」公佈中獎名單，並由專人通知中獎者，敬請留意抽獎日期。
3. 若於 2019.11.14 前出版社未能聯絡上中獎者，視同放棄，並以備選遞補。

讀者資料（請完整填寫並可供辨識，以便通知活動得獎以及相關訊息）

姓名：　　　　　　　　　　☐先生 ☐小姐
年齡：
職業：

聯絡電話：(H)　　　　　　　　　　(M)

地址：☐☐☐

E-mail：

如您寄回本回函，表示您同意以下規範，請務必詳讀：
1.本回函不得影印使用。
2.時報出版保有活動辦法變更之權利。
3.若有其他疑問，請洽（02）2306-6600#8440 王小姐。

【2020年紐約馬拉松參賽名額】1名 抽獎注意事項：

1. 中獎者須自行負擔機票、食宿前往紐約，參加抽獎前請謹慎評估。
2. 中獎者須本人參賽，參賽名額不得轉讓。
3. 中獎者需配合參加台灣近畿國際旅行社股份有限公司之行程，中獎者享有抵扣參賽之費用。
4. 中獎者由時報出版以郵件、電話通知，若中獎者未能於2日內回覆個人資料、或配合參與行程，視同放棄，並以備選遞補。
5. 台灣近畿國際旅行社股份有限公司保有活動辦法變更之權利。

【New Balance 運動機能短TEE + 主打款跑鞋】10組 抽獎注意事項：

1. 抽獎內容款式說明：上衣為「NB Dry輕量吸濕排汗短袖上衣」系列，不挑款／配色隨機出貨；跑鞋為「FuelCell Echo輕量休閒訓練跑鞋」，配色隨機出貨。
2. 中獎者將由專人電話、郵件通知，並確定個人上衣尺寸與鞋碼登記，並於2019.12.02前統一出貨。本活動贈品恕不提供實體店面試穿。
3. 若收到後仍覺得尺寸有誤，請聯絡相關人員並將原贈品完整寄回（如經拆吊牌、洗滌則恕不更換），此贈品可提供更換乙次。
4. 承上，贈品僅針對尺寸更換，中獎者實際收到商品皆由New Balance指定，不提供款式／配色更換。
5. 此贈品不得轉讓。
6. New Balance保有活動辦法變更之權利。

※請對折黏封後直接投入郵筒，請不要使用釘書機。

※無需黏貼郵票

廣 告 回 信
台北郵局登記證
台北廣字第2218號

時報文化出版股份有限公司

10803 台北市萬華區和平西路三段240號4樓

第六編輯部 當代線 收